PROCURADORIA-GERAL FEDERAL

Guia completo sobre como se preparar para a carreira

FREDERICO RIOS PAULA

PROCURADORIA-GERAL FEDERAL

Guia completo sobre como se preparar para a carreira

2017

www.editorajuspodivm.com.br

www.editorajuspodivm.com.br

Rua Mato Grosso, 175 – Pituba, CEP: 41830-151 – Salvador – Bahia
Tel: (71) 3363-8617 / Fax: (71) 3363-5050 • E-mail: fale@editorajuspodivm.com.br

Copyright: Edições *Jus*PODIVM

Conselho Editorial: Dirley da Cunha Jr., Leonardo de Medeiros Garcia, Fredie Didier Jr., José Henrique Mouta, José Marcelo Vigliar, Marcos Ehrhardt Júnior, Nestor Távora, Robério Nunes Filho, Roberval Rocha Ferreira Filho, Rodolfo Pamplona Filho, Rodrigo Reis Mazzei e Rogério Sanches Cunha.

Capa e diagramação: Marcelo S. Brandão *(santibrando@gmail.com)*

P963   Procuradoria-Geral Federal / Frederico Rios Paula – Salvador: Editora JusPodivm, 2017.
    208 p. (Aprovados)

    ISBN 978-85-442-1271-4

    1. Provas. 2. Ministério Público Federal. 3. Didática - Métodos de ensino instrução e estudo. 4. Métodos de estudo (para casa, livro de anotações, relatórios escritos. 5. Motivação. 6. Orientação vocacional e profissional. I. Paula, Frederico Rios. II. Título.

                                        CDD 371.425

Todos os direitos desta edição reservados à Edições *Jus*PODIVM.

É terminantemente proibida a reprodução total ou parcial desta obra, por qualquer meio ou processo, sem a expressa autorização do autor e da Edições *Jus*PODIVM. A violação dos direitos autorais caracteriza crime descrito na legislação em vigor, sem prejuízo das sanções civis cabíveis.

*"Não te disse eu que, se creres,
verás a glória de Deus?"*
(João 11:40).

A Jesus Cristo, meu Senhor e Salvador;

Aos meus pais, base de tudo,
pelo amor e incentivo contínuos;

Aos meus tios, Vânia e Luiz Antônio e
Tania, por todo o apoio;

À minha noiva, Tathy Caldas, meu amor e
fiel companheira, grande responsável
pelo meu crescimento pessoal e espiritual;

Aos meus amigos de carreira
Daniela Gonçalves de Carvalho, Tiago Allan
Cecílio e Andrea Terlizzi por contribuírem com
suas histórias inspiradoras de aprovação;

Aos demais aprovados
no concurso de Procurador Federal (2013)
que trilharam essa caminhada vitoriosa.

APRESENTAÇÃO DA COLEÇÃO

O principal propósito da *Coleção Aprovados* é direcionar você, leitor, que se prepara para uma carreira pública, com informações e dicas de quem já foi aprovado.

Notamos que a trajetória do concurseiro até a aprovação normalmente envolve etapas que costumam se repetir em quase todas as preparações, quais sejam:

- a decisão pelo concurso;

- o começo dos estudos;

- a temida fase "fiquei por uma questão";

- a possível vontade de desistir;

- aprovação na primeira fase;

- estudos e aprovação na segunda fase;

- preparação e o dia da prova oral;

- aprovação, finalmente!;

- nomeação e posse.

E, fazendo uma associação entre essa constatação e a famosa frase de Robert Baden-Powell no sentido de que *"não existe ensino que se compare ao exemplo"*, compreendemos a importância de reunir em livros relatos e dicas de preparação de profissionais aprovados nas mais diversas carreiras públicas (em excelentes colocações) a respeito do que fizeram, como estudaram e como superaram cada fase da preparação até a nomeação e posse.

Dessa forma, cada título da *Coleção* tem como foco uma carreira, da qual foi selecionado um profissional/autor que trata das etapas mencionadas no formato "depoimento" ou "entrevista", a depender do autor.

Em outras palavras, em cada capítulo do livro você poderá se sentir mais próximo de seu sonho, ao ver que a batalha para a posse, apesar de ser uma árdua caminhada, é possível de ser vencida.

A expectativa, enfim, desta *Coleção* é expor os caminhos pelos quais passou alguém que um dia desejou o que você, leitor, deseja agora.

Aproveitem e boa leitura a todos!

Mila Gouveia
Coordenadora da coleção

Mestranda em Direitos Fundamentais. Pós-graduada em Direito Público.
Advogada. Professora e Coordenadora de cursos jurídicos.
Apresentadora do *Fique por dentro dos Informativos STF/STJ* da Editora Juspodivm.
Criadora do canal "Mila Gouveia" no YouTube.

NOTA DO AUTOR

Prezado(a) leitor(a),

No ano de 2015, recebi o honroso convite da coordenadora desta obra, Mila Gouveia, para fazer parte da *Coleção Aprovados* da Editora Juspodivm, como aprovado representante da carreira de Procurador Federal. Aceitei de pronto essa difícil missão!

Escrever este livro, ao longo dos últimos meses, foi, para mim, uma retrospectiva incrível e emocionante de uma das maiores vitórias da minha vida.

Trago, em uma espécie de entrevista, o relato mais fidedigno possível da minha recente jornada de concurseiro até a aprovação final no concurso para o cargo de Procurador Federal, bem como um panorama geral das perspectivas dessa carreira, com informações pertinentes à prática profissional.

Não venho, com isso, me colocar como um "guru" ou um "fera" em concursos públicos, apenas compartilhar essa experiência vencedora e contribuir para inspirá-lo(a) a alcançar o mesmo intento mais facilmente.

Espero tê-lo(a) como futuro(a) colega de trabalho, em uma das carreiras da Advocacia-Geral da União, ou mesmo na Advocacia Pública.

Outubro de 2016.

Frederico Rios Paula

SUMÁRIO

1. O COMEÇO DOS ESTUDOS 15

Por que optou por concurso público? 15

Estudou focado desde a faculdade ou só decidiu estudar após a conclusão da graduação? 17

Seguia um cronograma? Manteve o mesmo ou foi alterando? 20

Como era o seu ritmo de estudo? 24

Fez muitas questões? 27

Como organizou o seu estudo? 29

Trabalhava e estudava ou "só" estudava? 44

Manteve a vida social? Fazia atividade física? 46

Como lidava com as redes sociais? 48

2. A TEMIDA FASE DO "FIQUEI POR UMA QUESTÃO" E A POSSÍVEL VONTADE DE DESISTIR 51

Aconteceu com você? Ficava feliz por estar cada vez mais perto ou triste por não ter atingido o objetivo? 51

Durante a sua trajetória, como mantinha a força de vontade "acesa"? 56

Quais recursos utilizava para prosseguir após uma derrota: indicaria tirar alguns dias de descanso? 56

Passou por alguma fase de stress e precisou dar uma parada nos estudos? 56

3. PASSANDO NA PRIMEIRA FASE 59

4. APROVADO PARA A SEGUNDA FASE 65

5. APROVADO PARA A ORAL 73

6. APROVAÇÃO FINAL, NOMEAÇÃO E POSSE 81

Como foi o dia em que viu seu nome na lista final? 81

Como comemorou? 81

Demorou a ser nomeado? 81

Todos da lista de aprovados foram chamados? 81

O dia da posse: descreva 81

O primeiro salário: fez algo de especial? 81

7. A CARREIRA E SUAS PERSPECTIVAS 85

Começando o trabalho: desafios 94

Cobrança e Recuperação de Créditos 95

Regulação, Desenvolvimento Econômico e Infraestrutura 103

Educação, Cultura, Ciência e Tecnologia 109

Previdência e Assistência Social 112

Servidor Público e Pessoal 124

Desenvolvimento Agrário e Desapropriações 132

Licitações e Contratos 142

Indígena 148

Meio Ambiente 150

Quais as perspectivas futuras para a carreira? 157

Comente sobre exemplos de sucesso dentro da carreira 167

O que o motiva a ir trabalhar todos os dias? 168

8. DEPOIMENTOS DE COLEGAS DE CARREIRA 171

Dra. Daniela Gonçalves de Carvalho 171

Dr. Tiago Allan Cecilio 173

Dra. Andrea Terlizzi Silveira 176

MENSAGEM FINAL: Um breve texto para quem está pensando
em estudar para concurso, especificamente para a carreira de
Procurador Federal 181

ANEXO 1 183

ANEXO 2 188

1

O COMEÇO DOS ESTUDOS

POR QUE OPTOU POR CONCURSO PÚBLICO?

O mercado de trabalho na iniciativa privada, nesse mundo globalizado e altamente competitivo, é muito dinâmico e instável, o que acaba gerando nas pessoas insegurança, medo, estresse etc.

Em contrapartida, as carreiras públicas proporcionam vantagens inimagináveis em relação à iniciativa privada: estabilidade, altos salários, segurança, status etc. São valores que oferecem uma indispensável qualidade de vida!

Com efeito, é inegável e notório o interesse, cada vez mais crescente, das pessoas de todo o Brasil em buscar as carreiras públicas, e comigo não foi diferente.

De pronto, posso dizer: não nasci em "berço de ouro jurídico"! Não há nenhum figurão sócio de escritório de advocacia ou membro das principais carreiras jurídicas na minha família. O meu maior exemplo e incentivadora, nesse ponto, foi a minha mãe, que se graduou em Letras e Direito. Inicialmente, seu "ganha pão" era como professora com duas matrículas, uma na rede estadual e outra na rede municipal. Posteriormente, como muitos, cresceu nela aquele interesse pelas carreiras públicas. Até mesmo grávida de mim, frequentava cursinhos preparatórios – o que me faz pensar que possa ter sido esse o meu primeiro contado com o mundo dos concursos público.

Minha mãe passou para Analista Judiciário do Tribunal de Justiça do Estado do Rio de Janeiro e lá fez carreira até se aposentar recentemente. O meu interesse pelo Direito veio do incentivo dela. Lembro que sempre me dizia para pensar grande e mirar nas principais carreiras jurídicas. Vale citar que, no Natal de 2007, ganhei o manual mais importante da minha jornada de concurseiro: *Como passar em provas e concursos*, de William Douglas, livro que devorei em poucos dias.

Daí em diante, para quem crê, foi a mão de Deus me guiando para o meu primeiro "concurso público", e digo mais, para o primeiro contado com a Advocacia Pública.

No final do 5º período, precocemente, me inscrevi no processo seletivo para o Programa de Estágio da Procuradoria-Geral do Estado do Rio de Janeiro – PGE/RJ. Passei entre os últimos e pedi para ser convocado somente no início do 7º período, quando, de fato, estaria apto para o estágio. Justamente por ter ficado na rabeira da lista, consegui preferência para lotação em relação aos primeiros colocados do concurso seguinte que ocorreu nesse meio tempo. Fiquei lotado na famosa Procuradoria de Serviços Públicos, onde tive o privilégio de trabalhar com Procuradores bastante generosos com paciência para ensinar e que me deram liberdade criativa para escrever as peças processuais, dentre eles o Dr. Gustavo Binenbojm, administrativista bastante conhecido no Estado do Rio de Janeiro.

Cheguei mal sabendo peticionar e saí, dois anos depois, tendo feito todo tipo de recurso, em temas de responsabilidade civil, licitações e contratos etc. Aliando à teoria dos estudos por conta própria, aprendi Processo Civil na prática.

Sem dúvida, durante o estágio forense, desenvolvi minha paixão pela Advocacia Pública e estava certo de que um dia seria Procurador. Não importava se federal, estadual ou municipal, mas Advogado Público.

ESTUDOU FOCADO DESDE A FACULDADE OU SÓ DECIDIU ESTUDAR APÓS A CONCLUSÃO DA GRADUAÇÃO?

Eu estudei em universidade pública, na saudosa Universidade Federal Fluminense – UFF, e, por sorte, não enfrentei problemas de greve – entrei ao final de uma e saí pouco antes de começar outra, entre 2006 e 2011.

Porém, não fiquei imune a outros problemas típicos, como, por exemplo, a falta de professores, ou mesmo de comprometimento deles. Poucos foram os que deram alicerce na preparação para concursos públicos. Por outro lado, em algumas disciplinas, tais como Direito Constitucional, Administrativo, Financeiro, reconheço que tive uma base razoável, o que me fez não sair do zero para o estudo posterior.

Convenhamos, o Direito não é um curso dificultoso para se levar até o final. Na minha opinião, com um mínimo de responsabilidade, qualquer estudante é capaz de se tornar bacharel. O proveito de conhecimento da graduação vai depender da forma como o aluno encara esse período. Aqui, faço uma *mea culpa* e assumo que se não absorvi mais conteúdo, durante a graduação, foi por falta de maturidade, o que normalmente não é algo em grandes doses em um garoto com vinte e poucos anos.

Acredito que estudar focado durante a faculdade – sabendo dosar com o divertimento – é a melhor forma de antecipar o tempo de aprovação. Mas, é claro, desde que esse foco seja ajustado para uma lógica mais objetiva de aprender um pouco de tudo, com algum aprofundamento, não necessariamente voltada para a área acadêmica.

Eu mesmo li poucos livros nos meus cinco anos de graduação. Dentre os quais: Manual de Direito Administrativo de José dos Santos Carvalho Filho; Curso de Direito Financeiro e Tributário de Ricardo Lobo Torres; Curso de Direito Penal – Parte Geral de Rogério Greco; Curso de Direito Processual Civil – Volume 1 de Fredie Didier e outros; Curso de Direito Civil – Parte Geral de Cristiano Chaves de Farias e Nelson Rosenvald; e alguns capítulos de Direito Constitucional Esquematizado de Pedro Lenza e Direito Civil – Teoria Geral dos Contratos e Contratos em Espécie de Flávio Tartuce.

Seguindo o sábio conselho de uma tia, não deixei que a faculdade atrapalhasse os meus estudos e corri atrás de complemento para o meu aprendizado na graduação. Fiz dois cursos regulares (semestrais) aos sábados, um de direito público, no quinto período, e outro de direito privado, no sexto período. Confesso que forcei a barra, acabei começando cedo. Durante a semana, tinha aula de Teoria Geral do Processo e, no sábado, no curso, o professor vinha frenético com Processo Penal. Mesmo assim, na marra, fui tendo contato com alguns temas das mais diversas disciplinas. E mais, considerando que alguns professores eram concursados e/ou tinham um talento motivacional enorme, ali fui apresentado ao mundo dos concursos públicos e tomei as minhas primeiras doses da ideologia do concurseiro, resumida pela máxima: "estudar até passar!". Por sua vez, no sétimo e no nono períodos, fiz, respectivamente, curso modular de Direito Administrativo, com o professor Guilherme Peña de Moraes, e de Direito Constitucional, com o professor João Mendes. Aprofundei bastante nas principais disciplinas de qualquer concurso público.

Ao final do estágio, comecei a traçar a minha estratégia de concurseiro, e ajustar o foco da minha vida. A primeira de-

O começo dos estudos 19

cisão foi importante no início dessa caminhada. A ordem lógica dos meus colegas de faculdade era fazer o Exame da Ordem no nono ou décimo período e, em seguida, dedicar-se a monografia. Decidi inverter a ordem, dando o pontapé inicial no último período para me tornar advogado e, assim, em seguida, buscar o "público", metendo a cara nos concursos propriamente ditos. Escolhi Direito Administrativo para o Exame da Ordem, o que não foi à toa. Na minha visão, gastaria alguns meses estudando uma disciplina e teria que ser justamente uma das mais importantes para a Advocacia Pública. Á época, tive a minha primeira experiência com curso *online*, fiz o "Projeto UTI 60 horas" do Complexo de Ensino Renato Saraiva – CERS, bem como o curso específico para a segunda fase com o professor Matheus Carvalho, que, por acaso, é Procurador da Fazenda Nacional.

Na reta final dessa preparação surgiu um novo desafio: o Programa de Residência Jurídica da PGE/RJ. Esse Programa abrange atividades de ensino, pesquisa e extensão, tendo como objetivo proporcionar a bacharéis em Direito o conhecimento da Advocacia Pública. Os residentes participam de aulas e palestras promovidas pela Escola Superior de Advocacia Pública – ESAP e recebem orientações teóricas e práticas enquanto executam atividades de apoio aos Procuradores do Estado, tais como: pesquisas de legislação, doutrina e jurisprudência, preparação de minutas de ofícios, relatórios, boletins e outras peças.

Oportunidade de ouro para o meu planejamento. Primeiro, porque o processo seletivo consiste em prova discursiva sobre as disciplinas de Direito Constitucional, Direito Administrativo e Direito Processual Civil. Segundo, porque seria uma extensão do meu estágio por mais dois anos, com a mesma carga horária semanal de 20 horas e, ainda, a bolsa-auxílio mensal de R$ 1.500,00, o que me manteria até passar em um concurso de grande porte. O meu objetivo era não ter que fazer concurso para as chamadas "carreiras-trampolim", normalmente as de técnico ou analista, e focar única e exclusivamente nas carreiras da Advocacia Pública. Após provação no Exame da Ordem, deixei um pouco de lado Direito Administrativo, e passei a me dedicar a Constitucional e Processual Civil.

Concomitantemente, no início do ano de 2011, matriculei-me no Curso Ênfase ("Curso Federal Full"), de olho nos boatos sobre os concursos para as carreiras da Advocacia-Geral da União – AGU.

Para a minha alegria e glória à Deus, fui aprovado no tão desejado Programa de Residência Jurídica da PGE/RJ. Fui convocado em março de 2012 para trabalhar na Procuradoria Regional em Niterói, com o Procurador incumbido do acervo trabalhista. Mais uma vez, tive a sorte de ter um chefe generoso e pude desenvolver meu trabalho elaborando, dentre outros, modelos de peças de defesa do Estado do Rio de Janeiro em demandas de responsabilização subsidiária em caso de terceirização de mão de obra. Tema esse objeto de diversas questões em concurso da Advocacia Pública. O Dr. Luiz Fernando Rodrigues dos Santos merece todo o meu agradecimento, além do incentivo diário para que eu buscasse o meu voo solo, sempre me liberava para estudar para as provas de concurso público que se avizinhassem.

Portanto, posso dizer que "estudei para o gasto" durante a faculdade, correndo atrás por fora com cursos complementares mais didáticos e voltados para concursos públicos. Decidi focar efetivamente ao final da graduação, quando assumi minha condição de concurseiro.

SEGUIA UM CRONOGRAMA? MANTEVE O MESMO OU FOI ALTERANDO?

A palavra chave do estudo para concurso é **objetividade**.

A primeira etapa é escolher um curso preparatório regular e ter disciplina para assistir a todas as aulas, e não somente

O começo dos estudos   21

as do seu interesse. O curso vai dar a base e o direcionamento legal, doutrinário e jurisprudencial necessários, sem os quais levar-se-ia muito tempo para alcançar lendo diversos livros.

Em 2011, o curso escolhido, já na condição de concurseiro, voltado para as carreiras da Advocacia-Geral da União – AGU, era presencial e de caráter mais geral, pois a maioria dos professores abordava os principais temas do edital, aqueles que tinham maior incidência em relação as provas anteriores. O curso fornecia resumo de cada aula, elaborado por monitores, o que facilitava a revisão. Alguns concurseiros têm o hábito de gravar a aula e transcrever, o que acaba levando um tempo enorme com pouco proveito prático de informações, em razão da linguagem oralizada. Por isso, de pronto, descartei essa metodologia.

Ao longo do ano de 2012, fiquei sem fazer nenhum curso específico, e passei a estudar por conta própria, organizando o material que eu já tinha e montando os meus próprios resumos esquematizados.

Acordava bem cedo e procurava ocupar a minha manhã com o trabalho no Programa de Residência Jurídica, de modo a deixar a tarde e a noite livres para estudar. Nessa época, estudava em biblioteca, a da própria PGE/RJ ou a do TJ/RJ.

No início do ano de 2013, após alguns resultados negativos, percebi que continuar estudando sozinho não seria proveitoso. Nesse ponto, ressalto como fundamental a autocritica para buscar o rumo da aprovação. É de suma importância avaliar o que não está certo e o que podemos mudar para melhorar em eficiência na absorção de conteúdo e no desempenho nas provas.

Sabendo que o concurso para o cargo de Procurador Federal seria o próximo dentre as carreiras da AGU, resolvi reformular radicalmente meu cronograma de estudo e procurar um curso específico. Descobri e optei pala Escola Brasileira de

Ensino Jurídico pela Internet – EBEJI, curso com plataforma *online*[1]. Então, passei a estudar menos em biblioteca e mais em casa. Assistia às aulas e montava resumos bem objetivos, aproveitando os que eu já vinha fazendo nos anos anteriores.

Passei a parar de achar que iria me salvar em um conjunto de disciplinas ou temas que mais sabia, porque o que ocorria, na verdade, era que eu estava pecando justamente nas que menos sabia. Precisava mudar minha atitude mental e encarar de frente as minhas deficiências em relação ao conteúdo programático. Precisava "tirar o atraso" e tentar manter um nível razoável em cada matéria, pois não adianta saber muito uma e pouco outra. O importante é a média! Nas matérias que sempre gostei, naturalmente ia bem.

A partir de uma mudança de mentalidade, tracei a minha estratégia de aprovação: elaborei um cronograma priorizando as disciplinas que eu tinha menor conhecimento. Comecei por Direito Penal e Processual Penal, Internacional Público e Privado e assim por diante. Não me limitei aos principais temas, como nos anos anteriores, tentei abordar o Edital[2] como um todo, de modo que a minha preparação fosse mais homogênea em relação ao conteúdo cobrado na prova.

Aproveitei outras ferramentas do curso disponíveis à época para aprimorar o meu estudo. O Grupo de Estudo tem por objetivo auxiliar os pretendentes à aprovação nos concursos de ingresso das carreiras da AGU, através da organização de rodadas de questões objetivas, questões subjetivas, peças, pareceres e dissertações.

O de questões objetivas simula as dificuldades que o participante enfrentaria em um concurso real, comparando o re-

---

1. Nesse ponto, os cursos *online* que disponibilizam as aulas na *internet*, permitem que o aluno possa assisti-las de acordo com a sua própria rotina.

2. EDITAL Nº 4 – PGF, de 27 de agosto de 2013 (http://www.cespe.unb.br/concursos/agu_13_procurador/arquivos/ED__4_AGU__PROCURADOR_ABERTURA.PDF)

sultado individual com o dos futuros concorrentes e fornecendo elementos objetivos para orientar o estudo. São 50 (cinquenta) itens estilo Correto ou Errado, por semana, distribuídos entre 16 (dezesseis) disciplinas: Direito Administrativo, Constitucional, Econômico/Financeiro, Tributário, Legislação sobre Ensino, Legislação sobre a Seguridade Social, Agrário, Ambiental, Civil, Empresarial, Trabalho e Processual do Trabalho, Internacional Público e Privado, Penal e Processual Penal e Processual Civil. O resultado é composto do gabarito utilizado na correção, estatísticas de acerto, justificativas para todas as questões da rodada e a indicação se o participante teria atingido os perfis de aprovação nas provas objetivas dos últimos concursos para as carreiras da AGU. Isso fazia com que eu me familiarizasse cada vez mais com o estilo das questões da Banca CESPE.

Já o de questões subjetivas, por sua vez, destaca-se como um método eficiente na preparação para provas discursivas, constituindo-se de um grupo de estudos sob mediação de membros da Advocacia-Geral da União. São 4 (quatro) enunciados por semana: 3 questões discursivas e 1 (um) parecer, peça ou dissertação, alternadamente. As melhores respostas enviadas pelos participantes são selecionadas para compor a ata da rodada. Os pareceres e peças são corrigidos individualmente, mediante espelho elaborado pelos mediadores. Isso desenvolvia minha capacidade de raciocínio e rapidez na organização dos fundamentos jurídicos, contribuindo para que eu estruturasse melhor as respostas.

Os Blogs dos Cursos preparatórios também são importante fonte de informação para aprender temas específicos tratados por professores membros das principais carreiras jurídicas.

Outro fiel aliado nessa preparação foi o site Dizer o Direito[3], objeto de consulta frequente de jurisprudência comentada,

---

3. http://www.dizerodireito.com.br/

informativo esquematizado do STF e do STJ, novidades legislativas e esquemas de aula.

O cronograma tinha, ainda, como base a revisão periódica do conteúdo estudado. O estudo sem revisão não serve para concurso público, porque senão se perde na memória. A cada nova informação, revisava as antigas para fixar o conhecimento. A cada nova leitura, aperfeiçoava meus resumos[4] e acrescentava e sistematizava as informações, marcando novos grifos. Com o tempo de leitura do meu próprio material, passei a ter grifos, depois, grifos dos grifos, e aquele conteúdo ficava fotografado na minha memória, ao ponto de, no dia da prova, saber exatamente aonde estava determinada informação no meu caderno/resumo, o que acabava me ajudando a lembrar. Era a minha memória visual trabalhando ao meu favor.

COMO ERA O SEU RITMO DE ESTUDO?

O ritmo de estudo é algo muito particular. Alguns me perguntam quantas horas por dia eu estudava. A pergunta tem um caráter comparativo. A pessoa quer medir a sua própria capacidade diária de estudo com base no que o outro consegue cumprir. Ora, se um não compartilha o meio onde o outro vive, os mesmos problemas e aflições, não faz sentido, pelo menos para mim, essa comparação.

Um amigo aprovado disse-me que somente conseguiu estabelecer um estudo proveitoso quando começou a se forçar a estudar 8 (oito) horas liquidas por dia, isto é, sem contar o horário das refeições e os intervalos de descanso para fins diversos. Claro que isso não começou de uma hora para outra, ele

---

4. Eu costumava fazer resumos com tabelas e simplificando a "letra da lei" em arquivos no computador, fundamental para poder fazer revisões periódicas.

foi progredindo, inicialmente, com 4 (quatro) horas, depois, 6 (seis) horas, até chegar em 8 (oito) horas.

Confesso que algumas vezes passei de 8 (oito) horas liquidas e outras nem sequer cheguei perto disso. Nunca cronometrei o meu tempo de estudo. O que eu fazia era definir metas ou períodos para o descanso. Por exemplo, quando estudava na biblioteca da PGE/RJ, a minha meta era ficar até encerrar o atendimento ao público, às 20 (vinte) horas. Posteriormente, após esse horário, passei a me alocar em outro local até fechar o prédio, às 22 (vinte e duas) horas. Em casa, estabelecia metas diárias, semanais e mensais de número de aulas que deveria assistir com a inclusão das informações no resumo.

Outro amigo aprovado construiu sua rotina de estudos estipulando 100 (cem) páginas de leitura por dia. Segundo ele, no início, pareceu uma utopia, depois, tornou-se real, mais a frente, prazeroso, e, no último estágio, até ultrapassava com facilidade esse limite inicial.

Quanto à mim, procurava não estabelecer metas sabidamente inatingíveis para não me frustrar. O cumprimento regular das metas, uma após outra, por si só, é um fator estimulante. Por isso, tentava ser verdadeiro comigo mesmo ao defini-las.

No final de semana, eu diminuía um pouco o ritmo. Sábado de manhã, normalmente reservava para aquele sono reparador e, assim, o estudo só começava na parte da tarde e ia até umas 18/19 horas. Após, saia com a namorada, familiares e amigos.

Domingo, estudava somente à tarde e, às vezes, uma parte da noite. Apesar de manter o ritmo de estudo, reservava o final de semana para estudar temas mais interessantes. Normalmente, nesses dias, revisava jurisprudência do STF e do STJ ou mesmo lia um quadro de súmulas divididas por disciplinas.

Acredito que o aumento do conhecimento segue uma linha de progressão geométrica, funciona como se fosse uma imensa bola de neve: a cada novo conhecimento agregado aos já consolidados forma-se um ciclo maior e mais rápido de aprendizado. Isso aumenta a capacidade de memorização do conteúdo estudado e facilita agregar novos conhecimentos. É por esse motivo que não se pode parar de estudar até alcançar o objetivo almejado: a aprovação. Enquanto estamos agregando conhecimento, estamos aumentando nossa capacidade de aprender mais.

O mais importante não é a quantidade de horas estudadas, mas a regularidade do estudo. Se você continuar estudando regularmente ou se, ao parar, voltar o mais rápido possível, a tendência é que esse sistema de agregação cíclica funcione a seu favor. O segredo é apenas um: manter a regularidade. Assim como um regime que funciona feito todos os dias, e não apenas às segundas-feiras, o estudo funciona melhor tornando-se uma rotina, um hábito. E, ainda, fazer disso algo agradável, ajuda na qualidade do estudo.

Eu tinha em mente que estava sempre agregando ao meu cérebro conhecimento para realizar o sonho de ser aprovado no concurso. A manutenção do esforço regular e a prática de revisões periódicas da matéria já estudada – usando resumos comprados ou, preferencialmente, como no meu caso, feitos pelo próprio concurseiro –, servirão para manter a matéria "girando" e o ciclo do aprendizado progredindo.

O fato de eventualmente outros passarem mais rápido não significa que você não possa fazê-lo no seu tempo. Quem é suficientemente esforçado, assim como eu fui, tem sucesso garantido. Lembre-se: persistência é mais importante que inteligência. Há quem diga que o sucesso se constitui de 1% de inspiração e 99% de transpiração. Não se compare com os outros. Cada pessoa tem sua individualidade. A única comparação admissível é consigo próprio.

Na verdade, o ritmo de estudo diz respeito à própria personalidade e à outros aspectos psicológicos do indivíduo. Depende do grau de autoconhecimento e maturidade de cada um, isto é, da capacidade de entender se determinada forma de estudar ou quantidade de horas de estudo é construtiva, ou não, para si mesmo. No mais, preze pela regularidade e qualidade do estudo em detrimento da quantidade.

FEZ MUITAS QUESTÕES?

Anote aí: fazer questões é o grande trunfo para a aprovação! Quanto mais questões, mais treinado você ficará, sobretudo da Banca específica. No nosso caso, o CESPE.

Repetição até a exaustão, esse é o lema!

Por isso, costumo associar passar em concurso a ir para academia, perder peso ou hipertrofia. Requer tempo e dedicação à causa!

No treinamento para a prova objetiva, utilizei quatro instrumentos básicos:

Um, comprei um livro em forma de estudo dirigido com questões dos concursos para as carreiras AGU comentadas e organizadas por temas e com resumo teórico ao final de cada capítulo. Tinha-o como uma Bíblia, fiz e refiz todas as questões dos concursos anteriores. Comecei direcionando o meu estudo para os temas de maior incidência e, assim, percebi que alguns deles eram abordados de forma repetida de um concurso para o outro, eventualmente com assertivas semelhantes.

Dois, passei a participar do GEAGU Objetiva, e fazia semanalmente, 50 (cinquenta) questões distribuídas proporcionalmente entre as disciplinas previstas no Edital, conforme acima explicitado. Toda sexta-feira, quando saia o resultado, conferia item por item, revisando o conteúdo com base nas justificativas do gabarito e voltava minha atenção para os erros.

Três, fazia questões dos últimos concursos organizados pelo CESPE, não somente as de C ou E, mas também as de múltipla escolha. Não me detinha aos concursos da Advocacia Pública, qualquer carreira me servia, mas somente respondia questões cujo tema estava previsto no Edital de Procurador Federal. Fazendo isso, em algumas provas, sobravam poucas questões pertinentes.

Eventualmente, reservava um dia inteiro para responder às questões de duas formas: i) livre, como exercício, juntando duas ou três provas somente com as questões pertinentes ao Edital de Procurador Federal e as respondendo; e ii) simulada, fazendo provas quase inteiras, normalmente aquelas para os concursos da Magistratura Federal e Defensoria Pública da União. Nesse último caso, como nem todas as disciplinas eram pertinentes, o meu simulado teria um tempo menor, em vez de 5 horas, estabelecia entre 3 e 4 horas de prova.

Aqui, deixo uma dica: ao invés de fazer concursos aleatórios e gastar com taxa de inscrição e se desgastar com o deslocamento, ainda que essa experiência de prova seja positiva, busque as provas no site da Banca organizadora, imprima e mãos à obra.

Quatro, participava de simulados elaborados pelos Cursos preparatórios, bem como aqueles de sites independentes, organizados por Blogs de concurseiros e/ou professores concursados.

Essa rotina de exercícios – exaustiva, confesso – fez com que eu me familiarizasse cada vez mais com o estilo da Banca CESPE e captasse a intenção do examinador com cada assertiva. Na linguagem popular, passei a desenvolver "malandragem" de prova.

COMO ORGANIZOU O SEU ESTUDO?

Primeiramente, quando comecei a estudar para concursos da Advocacia Pública, sobretudo para o cargo de Procurador Federal, decidi que precisava condensar e organizar meu material de estudo. Criei uma pasta com o nome "AGU – Procurador Federal", subpastas para cada disciplina, e outras duas, uma com modelos de pareceres e peças processuais, outra com temas para questões discursivas.

No mundo dos concursos públicos, é muito grande o fluxo de material de estudo, sempre tem um resumo novo rolando. Essa organização foi uma decisão importante na minha preparação, deu uma sensação de "casa limpa". Ali, naquela pasta, continha tudo voltado para o concurso-alvo.

Pronto, passada a fase de organização do material de estudo, poderia me dedicar à leitura e sistematização do conteúdo programático, sempre com os olhos no Edital.

Antes de adentrar na divisão de disciplinas com as respectivas referências bibliográficas, preciso fazer algumas observações.

Primeiro, desmitificar que o CESPE é uma Banca eminentemente jurisprudencial. Isso não é de todo verdadeiro. Há muita cobrança da chamada "letra da lei", sobretudo em questões objetivas e em disciplinas em que não existe uma gama de julgados para serem explorados. Alguns manuais, inclusive, fazem a simples sistematização da lei, com poucos comentários e sem muito aprofundamento. É importante ler, periodicamente, a lei e assistir as aulas com o respectivo código ou o *Vade Mecum* para saber se situar na legislação, até para aprender a manuseá-lo, na segunda fase, quando for permitida a consulta[5].

---

5. Vale lembrar que, na segunda fase, é permitido o uso de legislação com trechos destacados por marca texto, sublinhados e com remissão a artigo ou a textos de lei (ex.: vide artigo 2.º da Lei n.º 8.112/1990).

A doutrina também é abordada, notadamente em histórico, princípios, classificações de institutos jurídicos. Os concurseiros em geral ficam muito preocupados em saber qual é a melhor doutrina e acham que ler vários livros é importante para passar. Acabam se embaralhando com tanto livro para ler e se frustram por não dar conta de tudo até o dia da prova. Isso faz com que levem para a prova uma carga negativa de dever não cumprido, o que pode contribuir para o resultado negativo.

Eu mesmo li poucos livros inteiros, porque, realmente, não precisa. O curso preparatório serve para suplantar a necessidade de leitura adicional. Então, qual livro? Qualquer um, desde que seja atualizado, de autor reconhecido e voltado para concurso público. Nada de Cursos com volumes, opte sempre pelos Manuais! É claro, um por matéria.

E como ler o livro? Nada de resumir o livro ou ler somente olhando, a não ser que você seja o gênio da memória, porque essa carga de informação tende a se perder. Para mim, a melhor forma de ler e fixar o conteúdo é ir grifando as partes mais importantes em poucas palavras, de modo que lendo somente os grifos, faça sentido em uma sequência lógica. Não grife tudo, porque quem grifa tudo, não grifa nada.

Outro ponto, que parece óbvio, deve ser ressaltado: a leitura do texto constitucional. Pergunto: Você já leu todos os 250 (duzentos e cinquenta) artigos da Constituição Federal e os 100 (cem) artigos do Ato das Disposições Constitucionais Transitórias – ADCT? Se sim, quantas vezes? Leia a "letra da Constituição" periodicamente e surpreenda-se com a melhora no seu desempenho nos concursos públicos! É claro que, alguns Títulos, Capítulos ou Seções, não são comumente cobrados em questões, e como toda leitura, dará mais atenção a uns dos que outros.

Eis a minha dica. Criei uma pasta denominada "Constituição Federal" e subpastas para cada Título, dentro das quais, incluí um arquivo de Word para cada Capítulo que continha colado o texto constitucional respectivo. Conforme ia lendo o Capítulo e as seções, ia marcando e sistematizando as informações. Isso facilitava o estudo por partes da Constituição. No final de certo período, um ou dois meses, tinha lido toda a Constituição. Hoje, alguns livros compilam comentários por dispositivo constitucional e questões.

Veja que, além do próprio Direito Constitucional, a leitura da Constituição Federal traz conteúdo de **Direito Administrativo** (Título III, Capítulo VII – Da Administração Pública – arts. 37 a 43), **Direito Econômico** (Título VII – Da Ordem Econômica e Financeira – arts. 170 a 181 e 192), **Direito Financeiro** (Título VI, Capítulo II – Das Finanças Públicas – arts. 163 a 169), **Direito Tributário** (Título VI, Capítulo I – Do Sistema Tributário Nacional – arts. 145 a 162), **Legislação sobre Ensino** (Título VIII, Capítulo III, Seção I – Da Educação – arts. 205 a 214), **Legislação sobre Seguridade Social** (Título VIII, Capítulo II – Da Seguridade Social – arts. 194 a 204), **Direito Agrário** (Título VII, Capítulo III – Da Política Agrícola e Fundiária e da Reforma Agrária – arts. 184 a 191), **Direito Ambiental** (Título VIII, Capítulo VI – Do Meio Ambiente – art. 225), **Direito do Trabalho e Processual do Trabalho** (Título II, Capítulo II – Dos Direitos Sociais), **Direito Internacional** (Título II, Capítulo I – Dos Direitos e Deveres Individuais e Coletivos – art. 5º, LI, LII e §§ 2º e 3º, e Capítulo III – Da Nacionalidade – arts. 12 e 13), **Direito Penal e Processual Penal** (Título II, Capítulo I – Dos Direitos e Deveres Individuais e Coletivos – art. 5º, XXXVIII e seguintes) **Direito Processual Civil** (em relação às ações constitucionais e em matéria de competência do Poder Judiciário).

Apenas lendo a Constituição, você "mata" boa parte das questões de determinadas disciplinas, como, por exemplo, Direito Financeiro e Econômico.

Por fim, como sugestão bibliográfica, destaco a Coleção Leis Especiais para Concursos da Editora Juspodivm[6], que adotei como instrumento de preparação em substituição aos Manuais e Cursos de algumas disciplinas, como, por exemplo, Direito Financeiro, Agrário e Ambiental, ou mesmo de forma complementar em outras. Essa coleção traz comentários doutrinários na medida certa, conjugando com questões de concursos, bem como os posicionamentos do STF e do STJ – e até do TCU – correspondentes ao dispositivo legal comentado. Vale citar, ainda, as indicações dos artigos de lei mais cobrados.

Agora, vamos ao que interessa[7]:

Grupo I:

Em **Direito Administrativo**, por já ter lido o Manual de José dos Santos Carvalho Filho, da Editora Lumen Juris, e estudado exclusivamente essa disciplina durante o período da 2ª fase da OAB, restringi a minha preparação às aulas do curso e as leituras complementares dos volumes 5 (Servidor Público), 8 (AGU), 11 (Licitações Públicas), 17 (Processo Administrativo), 23 (Improbidade Administrativa), 36 (Tombamento) e 38 (OS e OSCIP) da Coleção Leis Especiais para concursos da Editora Juspodivm.

A princípio, você, leitor, pode achar que são muitos livros para ler, mas, na verdade, no que toca à Coleção referida, a leitura é bastante fluida e bem direcionada para os dispositivos mais importantes. A própria Lei n.º 8.112/1990, que dispõe sobre o regime jurídico dos servidores públicos civis da União,

---

6. https://www.editorajuspodivm.com.br/compre-por-colecao/leis-especiais-para-concursos

7. As indicações bibliográficas são fruto de experiência dos anos de estudo para concursos da Advocacia Pública e não excluem outras igualmente úteis ao fim a que se destina: os concursos da AGU, notadamente o concurso para o cargo de Procurador Federal.

ainda que extensa, deve ser lida com atenção a alguns pontos específicos, sobretudo o Título IV – Regime Disciplinar e o Título V – Processo Administrativo Disciplinar.

A doutrina ganha importância em alguns temas mais conceituais e em classificações de institutos jurídicos, como, por exemplo, Teoria do órgão da pessoa jurídica, descentralização e desconcentração da atividade administrativa, classificação dos órgãos e funções da Administração Pública, Fatos da administração pública: atos da administração pública e fatos administrativos. Destaca-se que esse último tema envolve cerca de 8 (oito) pontos do Edital.

Algumas leis ou atos normativos, em especial, não podem deixar de ser lidos, tais como: **Lei n.º 9.784/1999**, que regula o processo administrativo federal; **Lei n.º 9.873/1999**, que Estabelece prazo de prescrição para o exercício de ação punitiva pela Administração Pública Federal; **Lei n.º 8.666/1993**, que institui normas gerais para licitações e contratos administrativos; **Lei 10.520/2002**, que institui o Pregão; **Lei n.º 12.462/2011**, que institui o Regime Diferenciado de Contratações Públicas – RDC; **Decreto n.º 7.892/2013**, que regula o Sistema de Registro de Preços; **Lei n.º 8.987/1995**, que dispõe sobre o regime de concessão e permissão de serviços públicos; **Lei n.º 11.079/2004**, que dispõe sobre as parcerias público-privadas; **Decreto n.º 3.365/1941**, que dispõe sobre desapropriação por utilidade pública; **Lei n.º 8.112/1991**, que dispõe sobre o regime jurídico dos servidores públicos civis da União; **Lei n.º 8.429/1992**, que dispõe sobre improbidade administrativa; **Lei n.º 12.618/2012**, que institui o regime de previdência complementar para os servidores públicos federais; e, por fim, a **Lei Complementar n.º 73/1993**, Lei Orgânica da AGU; e **Lei n.º 10.480/2002** (arts. 9º e seguintes), que trata da PGF.

Em suma, recomendo que o candidato escolha um Manual de Direito Administrativo, de preferência que traga jurisprudência do STF/STJ e também do TCU. Dê especial atenção às leis acima indicadas e, se possível, faça leitura complementar.

Em **Direito Constitucional**, li e reli o livro Direito Constitucional Esquematizado de Pedro Lenza, da Editora Saraiva. Sei que há outros livros melhores e mais profundos, como, por exemplo, o do Ministro Gilmar Mendes e demais coautores e os do Ministro Luís Roberto Barroso. Ocorre que, sendo pragmático, na minha opinião, o livro que utilizei, aliado ao acompanhamento dos Informativos do STF e a leitura periódica da própria Constituição, é o suficiente para os concursos das carreiras da AGU.

A doutrina ganha importância em alguns temas mais teóricos, notadamente no que se denomina Teoria da Constituição: conceito e classificação das constituições, classificação das normas constitucionais e hermenêutica constitucional.

Algumas leis, em especial, não podem deixar de ser lidas, tais como: **Lei n.º 9.868/1999**, que dispõe sobre o processo e julgamento da ADI, da ADI por omissão e da ADC); **Lei n.º 9.882/1999**, que dispõe sobre o processo e julgamento da ADPF; **Lei n.º 12.562/2011**, que dispõe sobre o processo e julgamento da ADI Interventiva.

Em **Direito Econômico**, não li nenhum livro específico, em razão do diminuto conteúdo que se resume nas modalidades de intervenção do Estado no domínio econômico, a leitura dos arts. 170 a 181 da Constituição Federal e, principalmente, da **Lei n.º 12.529/2011**, que estrutura o Sistema Brasileiro de Defesa da Concorrência; dispõe sobre a prevenção e repressão às infrações contra a ordem econômica.

A referida lei é de extrema importância, além de ser relativamente recente, reestruturou o Sistema Brasileiro de Defesa da Concorrência – SBDC e traz inovações e institutos como o controle preventivo de atos de concentração (art. 88) e repressivo de condutas que constituem infração à ordem econômica (art. 36); o compromisso de cessação (art. 85) e acordo de leniência (art. 86). Vale lembrar que há uma Procuradoria Federal Especializada junto ao CADE – Conselho Administrativo de Defesa Econômica, com sede em Brasília.

Recomendo o volume 29 (Lei Antitruste) da Coleção Leis Especiais para concursos da Editora Juspodivm. Não o li, porque, à época, estava esgotado.

Em **Direito Financeiro**, li o volumes 13 (Direito Financeiro) da Coleção Leis Especiais para concursos da Editora Juspodivm. A disciplina, basicamente, se resume a leitura e sistematização dos arts. 163 a 169 da Constituição Federal, da **Lei n.º 4.320/1964** e da **Lei Complementar n.º 101/2000**, a chamada Lei de Responsabilidade Fiscal – LRF.

Recomendo, ainda, o volume 6 (Responsabilidade Fiscal) da Coleção Leis Especiais para concursos da Editora Juspodivm. Não o li, porque, à época, estava esgotado.

Em **Direito Tributário**, li o livro Direito Tributário Esquematizado de Ricardo Alexandre, da Editora Método do Grupo GEN. Em complemento, o volume 4 (Execução Fiscal) da Coleção Leis Especiais para concursos da Editora Juspodivm.

Além dos arts. 145 a 162 da Constituição Federal, e do próprio Código Tributário Nacional, algumas leis, em especial, não podem deixar de ser lidas, tais como: **Lei n.º 6.830/1980**, a chamada Lei de Execução Fiscal; **Lei n.º 8.397/1992**, que trata da medida cautelar fiscal; e **Lei n.º 10.522/2002** (arts. 1º ao 9º), que trata do Cadastro Informativo dos créditos não quitados de órgãos e entidades federais, o CADIN.

Em **Legislação sobre Ensino**, não li nenhum livro específico, em razão do diminuto conteúdo que se resume a leitura dos arts. 205 a 214 da Constituição Federal e, principalmente, das **Lei n.º 9.394/1996**, a chamada Lei de Diretrizes e Bases da

Educação Nacional; e **Lei n.º 12.711/2012**, que dispõe sobre "Sistema de Cotas" no ingresso nas universidades federais e nas instituições federais de ensino técnico de nível médio. Outros temas de relevo para a disciplina, como cobrança de taxas em estabelecimento público de ensino, autonomia universitária, revalidação de diploma estrangeiro e crédito estudantil (FIES), podem ser estudados por julgados do STF e do STJ.

Em **Legislação sobre a Seguridade Social**, não li nenhum livro específico, o que não aconselho. Digo não considerando o meu resultado – compensei de outras formas –, mas em razão da importância da disciplina, objeto de questão discursiva e temática da peça processual na segunda fase do concurso de 2013.

Além dos arts. 194 a 204 da Constituição Federal, algumas leis, em especial, não podem deixar de ser lidas, tais como: **Lei n. 8.213/1991**, que dispõe sobre os Planos de Benefícios da Previdência Social; **Lei n.º 8.742/1993**, a Lei Orgânica da Assistência Social – LOAS; **Lei Complementar n.º 109/2001**, que dispõe sobre Regime de Previdência Complementar e, cito, novamente, a **Lei n.º 12.618/2012**, que institui o regime de previdência complementar para os servidores públicos federais.

Desataco, ainda, as recentes alterações da **Lei n.º 8.213/1991** trazidas pela **Lei n.º 13.135/2015**, o que pode ser considerada uma minirreforma previdenciária, notadamente no que diz respeito ao benefício de pensão por morte; e pela **Lei n.º 13.183/2015**, que, dentre outras providências, estabelece regras de não incidência do fator previdenciário para o benefício de aposentadoria por tempo de contribuição.

Grupo II

Em **Direito Agrário**, li o volumes 15 (Direito Agrário) da Coleção Leis Especiais para concursos da Editora Juspodivm, obra que considero essencial e suficiente.

Além dos arts. 184 a 191 da Constituição Federal, algumas leis, em especial, não podem deixar de ser lidas, tais como: **Lei n.º 4.504/1964** (Estatuto da Terra – Título I – Disposições Preliminares), **Lei n. 8.629/1993**, que dispõe sobre a reforma agrária; **Lei Complementar n.º 76/1993**, que dispõe sobre o procedimento sumário do processo de desapropriação de imóvel rural, por interesse social, para fins de reforma agrária; **Lei n.º 6.969/1981**, que dispõe sobre a aquisição de imóveis rurais por usucapião especial.

Em **Direito Ambiental**, li o volumes 10 (Direito Ambiental) da Coleção Leis Especiais para concursos da Editora Juspodivm, obra que considero essencial, mas não totalmente suficiente, porque não abarca toda legislação ambiental prevista no Edital. Outra opção mais completa é o Resumo Direito Ambiental Esquematizado, de Frederico Amado, da Editora Método do Grupo GEN.

Além do art. 225 da Constituição Federal, algumas leis, em especial, não podem deixar de ser lidas, tais como: **Lei n.º 6.938/1981**, que dispõe sobre a Política Nacional do Meio Ambiente (PNMA); **Lei n.º 12.651/2012**, o Código Florestal Brasileiro; **Lei n.º 9.985/2000**, que institui o Sistema Nacional de Unidades de Conservação (SNUC); **Lei Complementar n.º 140/2000**, que fixa normas para a cooperação entre os entes federativos nas ações administrativas decorrentes do exercício da competência comum relativas à proteção das paisagens naturais notáveis, à proteção do meio ambiente, ao combate à poluição em qualquer de suas formas e à preservação das florestas, da fauna e da flora; **Lei n.º 9.605/1998**, que dispõe sobre as sanções penais e administrativas derivadas de condutas e atividades lesivas ao meio ambiente; **Lei n.º 11.428/2006**, que dispõe sobre a utilização e proteção da vegetação nativa do Bioma Mata Atlântica; **Lei n.º 11.284/2006**, que dispõe sobre a gestão de florestas públicas.

Em **Direito Civil**, pautei meu estudo bastante na chamada "letra da lei" e fazia a leitura periódica do Código Civil, bem como da Lei de Introdução às normas do Direito Brasileiro (Decreto-Lei n.º 4.657/1942). Adotei a mesma sistemática de leitura da Constituição Federal acima relatada.

Considerando a extensão da disciplina, é necessário delimitar o conteúdo programático respectivo, que exclui partes como Direito de Família e Direito das Sucessões.

Quanto ao Código de Defesa do Consumidor – CDC, considero desnecessário seu estudo aprofundado, uma vez que o Edital aborda somente um ponto específico, qual seja, "responsabilidade civil do fornecedor pelos produtos fabricados e pelos serviços prestados" (referentes aos arts. 12 a 27).

Recomendo o Manual de Direito Civil – Volume Único, de Flávio Tartuce, da Editora Método do Grupo GEN.

Em **Direito Empresarial**, pautei meu estudo bastante na chamada "letra da lei" e fazia a leitura periódica das partes relativas à Direito de Empresa (arts. 966 a 1.195) e à Títulos de Crédito (arts. 887 a 926) do Código Civil.

Algumas leis, em especial, não podem deixar de ser lidas, tais como: **Lei n.º 9.279/1996**, que regula direitos e obrigações relativos à propriedade industrial; **Lei n.º 11.101/2005**, que Regula a recuperação judicial, a extrajudicial e a falência do empresário e da sociedade empresária; **Lei n.º 6.404/1976**, que dispõe sobre as Sociedades por Ações. Por isso, em complemento, li os volumes 18 (Propriedade Industrial), 27 (Falência e Recuperação de Empresas) e 30 (Lei das Sociedades Anônimas – S/A) da Coleção Leis Especiais para concursos da Editora Juspodivm. Por serem leis de conteúdo extenso, a leitura complementar direcionou o estudo para os dispositivos e temas mais cobrados em concursos públicos.

Em **Direito do Trabalho e Processual do Trabalho**, pautei meu estudo bastante na chamada "letra da lei", fazia a leitura periódica da CLT e montava resumos com base nas aulas do professor Gaudio R. de Paula. Em complemento, li o livro Direito e Processo do Trabalho aplicados à Administração Pública e Fazenda Pública de Rogério Neiva Pinheiro, da Editora Método do Grupo GEN, leitura que considero imprescindível para concursos da Advocacia Pública.

Destaco o Decreto-Lei n.º 779/1969, que traz prerrogativas processuais da Fazenda Pública no Processo do Trabalho, bem como temas como a responsabilização subsidiária da Administração Pública em caso de terceirização de mão de obra, a execução trabalhista contra a Fazenda Pública e a execução das contribuições sociais na Justiça do Trabalho.

O estudo sistemático de Súmulas e Orientações Jurisprudenciais do TST, principalmente as que envolvam a Administração/Fazenda Pública para as provas discursivas, é a chave para o êxito nessas disciplinas! A maioria das questões aborda essa jurisprudência consolidada.

Em **Direito Internacional Público e Privado**, montava resumos temáticos com base nas aulas dos Professores Boni Soares e Paulo Henrique Gonçalves Portela. Trata-se de uma das disciplinas que mais me dediquei para construir conhecimento básico.

Além dos arts. 5º, LI e LII, e 12 da Constituição Federal, uma lei, em especial, não pode deixar de ser lida: a Lei n.º 6.815/1980 (Estatuto do Estrangeiro), no que toca ao regime jurídico do estrangeiro, principalmente quanto aos temas de deportação (arts. 57 a 64), expulsão (arts. 65 a 75) e extradição (arts. 76 a 94).

Apesar de não ter lido nenhum livro, recomendo a obra Direito Internacional Público e Privado de Paulo Henrique Gonçalves Portela, da Editora Juspodivm.

Em **Direito Penal**, delimitando rigorosamente o conteúdo programático, dividi meu estudo em três partes.

Primeira, referente à **Parte Geral do Código Penal** (nove pontos do Edital), conjuguei a leitura da "letra da lei" com as aulas do curso. Durante a graduação, havia lido o Curso de Direito Penal – Parte Geral, de Rogério Greco, da Editora Impetus, o que me deu uma base razoável na disciplina. Aqui, é válido investir em um livro que seja bem objetivo, como, por exemplo, da Coleção Sinopses Jurídicas da Editora Saraiva ou da Coleção Sinopses para Concursos da Editora Juspodivm.

Segunda, referente à **Parte Especial do Código Penal** (quatro pontos do Edital), o objetivo foi conhecer todos os respectivos tipos penais. Trata-se dos crimes contra a Administração Pública (arts. 312 a 389) – o foco principal desta segunda parte, sendo o peculato o mais importante deles –, crimes de estelionato contra a Fazenda Pública (art. 171, § 3º), crimes contra a fé pública (arts. 289 a 311-A), crimes contra a organização do trabalho (arts. 197 a 207). Destaco, ainda, dois crimes tributários: crime de sonegação de contribuição previdenciária (CP, art. 337-A) e crime de apropriação indébita previdenciária (CP, art. 168-A), em razão da ligação com a matéria previdenciária afeta ao INSS.

Terceira, referente à **Legislação Extravagante** (oito pontos do Edital), li os Tomos I e II do volume 12 (Leis Penais Especiais) da Coleção Leis Especiais para concursos da Editora Juspodivm, somente no que diz respeito às leis mencionadas no Edital. Outras que não eram mencionadas nesses dois livros, fazia a leitura da "letra da lei".

Após a minha aprovação, foi lançado o Tomo III, que trata de outras leis penais especiais, e, posteriormente, um único livro com os três tomos, motivo pelo qual não li, mas recomendo a leitura.

Aqui, não tem jeito, toda a legislação extravagante prevista no Edital deve ser objeto de leitura e estudo. Comecem pela mais importante: a **Lei n.º 9.613/1998**, que trata do crime de lavagem de dinheiro; e depois **Lei n.º 8.429/1992** (crime de denunciação caluniosa de improbidade administrativa); **Lei n.º 4.898/1965** (crimes de abuso de autoridade); **Lei n.º 7.492/1986** (crimes contra o Sistema Financeiro Nacional); **Lei n.º 12.850/2013** (organização criminosa); **Lei n.º 7.716/1989** (crimes de preconceito de raça ou de cor); **Lei nº 8.666/1993** (crimes relativos à licitação – arts. 81 a 85 e 89 a 108) e as que tratam dos crimes contra a ordem econômica, as relações de consumo e a economia popular (Lei Delegada n.º 4/1962; Lei n.º 1.521/1951; Lei n.º 8.078/1990; Lei n.º 8.137/1990; artigo 34 da Lei n.º 9.249/1995; Lei n.º 8.176/1991; Lei n.º 12.529/2011)

Em **Direito Processual Penal**, pautei meu estudo bastante na chamada "letra da lei" e fazia a leitura periódica do Código de Processo Penal. Adotei a mesma sistemática de leitura da Constituição Federal acima relatada. Repito o que disse em relação à Parte Geral do Código Penal, é válido investir em um livro que seja bem objetivo, como, por exemplo, da Coleção Sinopses Jurídicas da Editora Saraiva ou da Coleção Sinopses para Concursos da Editora Juspodivm.

Algumas leis, em especial, não podem deixar de ser lidas: a **Lei n.º 9.296/1996**, que trata da interceptação telefônica; e a **Lei n.º 9.099/1995**, que trata do procedimento dos Juizados Especiais Criminais, principalmente em relação às medidas despenalizadoras, de transação penal (art. 76) e suspensão condicional do processo (art. 89).

Em **Direito Processual Civil**, pautei meu estudo bastante na chamada "letra da lei" e fazia a leitura periódica do Código de Processo Civil. Adotei a mesma sistemática de leitura da Constituição Federal acima relatada.

Algumas leis, em especial, não podem deixar de ser lidas: **Lei n.º 7.347/1985**, que trata da Ação Civil Pública; **Lei n.º 12.016/2009**, que trata do Mandado de Segurança; **Lei n.º 9.028/1995 (art. 22)**, que dispõe sobre o exercício da atribuição institucional de representação de agentes públicos pelos membros da AGU; **Lei n.º 9.469/1997 (art. 5º)**, que trata da chamada intervenção especial da União e das pessoas jurídicas de direito público; **Lei n.º 8.437/1992**, que dispõe sobre a concessão de medidas cautelares contra atos do Poder Público; **Lei n.º 9.494/1997**, que disciplina a aplicação da tutela antecipada contra a Fazenda Pública.

Não é demais ressaltar que a abordagem do Direito Processual Civil em provas para concursos da Advocacia Pública está atrelada à Fazenda Pública em juízo, notadamente suas prerrogativas processuais. Outros temas recorrentes são recursos, sistemática de recursos repetitivos do STJ e de repercussão geral do STF, suspensão de segurança, de liminar e de antecipação de tutela, embargos à execução, exceção de pré-executividade, ação rescisória e etc.

Fato é que, com a entrada em vigor do Novo Código de Processo Civil (Lei n.º 13.105/2015), o estudo para os próximos concursos vai ser pautado na "letra da lei", bem como em suas inovações nas regras processuais.

O relato acima não esgota a preparação para o concurso de Procurador Federal, longe disso, apenas serve para nortear o estudo, com base na minha experiência. A intenção foi a de reforçar a importância da leitura periódica da "letra da lei" e indicar referências bibliográficas adequadas.

As leis acima referidas são as mais importantes e de abordagem recorrente. Vale redobrar a atenção quanto às inovações legislativas a elas pertinentes ou mesmo relativas à quaisquer outros temas. Por isso, costumava garimpar o que chegou de novo no mundo jurídico. Há também o surgimento do que chamo de "leis do momento". No concurso de 2013, foi a Lei n.º 12.815/2013, que trata do novo regime para exploração de portos e instalações portuárias. Se não fosse o olhar atento ao Edital, prevendo a cobrança do tema na prova objetiva, não teria acertado a anunciada questão.

Ademais disso, não se pode negar que a jurisprudência tem grande destaque nas provas da Banca CESPE. Estar afiado com os entendimentos do STF e do STJ, sumulados ou veiculados nos respectivos informativos, foi essencial para a minha aprovação.

À época em que comecei a estudar para concursos públicos, não existiam muitos sites e livros, como hoje, especializados em facilitar a vida do concurseiro e fornecer compilação de julgados com os entendimentos jurisprudenciais. Então, no fim de 2010, resolvi iniciar um projeto de resumir informativos do STF e do STJ e, aos poucos, dividindo por disciplina e temas. Isso, apesar de me tomar tempo, facilitou o contado com a jurisprudência de quase três anos anteriores à publicação do Edital. A partir de 2012/2013, a minha vida foi sendo facilitada com a própria publicação mais didática dos informativos pelos sites oficiais dos Tribunais, bem como pelo acompanhamento da sistematização de informativos do site Dizer o Direito, referência no mercado nesse ramo.

O referido site, inclusive, fornece uma fantástica revisão pré-prova, com a compilação dos julgados mais importantes, retirados dos informativos do STF/STJ, e divididos por disciplina, na ordem da prova. Fundamental reservar um tempo específico para sua leitura, é a certeza de "matar" as questões de caráter jurisprudencial.

Atualmente, o concurseiro dispõe de inúmeros instrumentos nesse sentido, dentre os quais, destaco a ideia inovadora de Mila Gouveia que desenvolveu uma técnica de "enxugar" os informativos e deles extrair a essência, aquilo que realmente interessa na hora da prova. Trata-se do livro Informativos do STF e STJ em frases, da Editora Juspodivm, excelente ferramenta de revisão.

Considerando ser uma parte do estudo mais agradável, reservava o domingo para revisar os informativos resumidos, grifando de vermelhos os entendimentos pertinentes ao concurso-alvo. Em outra frente, separava as decisões mais relevantes, tanto nos julgamentos que envolvem Repercussão Geral no STF, quanto naqueles que tratam de Recursos Repetitivos no STJ.

O estudo sistemático das Súmulas do STF e do STJ, lendo-as, todo mês, em lote, divididas por assunto, com base nos quadros sinópticos dos livros da Coleção Súmulas Comentadas da Editora Juspodivm, elevava cada vez mais meus acertos nas questões objetivas e me fazia angariar pontos nas discursivas, mencionando que determinado entendimento encontrava-se sumulado, ainda que não citasse o respectivo número. Também ressalto Súmulas da AGU e da Turma Nacional de Uniformização – TNU dos Juizados Especiais Federais, ESTAS ÚLTIMAS principalmente em relação à matéria previdenciária.

Por fim, vale manter-se sempre atualizado com as inovações legislativas. Quanto mais relevante a lei, principalmente em relação àquelas acima referidas, maior a chance de ser cobrada em prova.

TRABALHAVA E ESTUDAVA OU "SÓ" ESTUDAVA?

No meu caso, ficar "só" estudando para concurso, sem trabalhar, não era uma opção. Eu tinha acabado de sair da faculdade e precisava de uma grana para me manter. Felizmente, consegui aliar tempo, remuneração e aprendizado. O meu trabalho contribuía para o meu estudo.

Ao longo da minha preparação para o concurso de Procurador Federal, trabalhei como Residente Jurídico no Programa de Residência Jurídica da PGE/RJ, uma espécie de estágio remunerado para bacharéis em Direito.

A carga horária semanal era reduzida, de 20 (vinte) horas, em média 4 (quatro) por dia, sendo sexta-feira o dia destinado para as aulas e palestras de temas afetos à Advocacia Pública estadual. A remuneração mensal era de R$ 1.500,00, o que me manteria até passar em um concurso de grande porte.

Tratava-se de uma oportunidade de ouro para não ter que fazer concurso para as chamadas "carreiras-trampolim", normalmente as de técnico ou analista, e focar única e exclusivamente nas carreiras da Advocacia Pública.

Na Procuradoria Regional em Niterói, onde fiquei lotado, atuei recebendo orientações e executando atividades de apoio ao Procurador do Estado incumbido do acervo trabalhista. Aliando teoria e prática, pude desenvolver o meu trabalho elaborando, dentre outros, modelos de peças de defesa do Estado do Rio de Janeiro em demandas de responsabilização subsidiária em caso de terceirização de mão de obra. Tema esse objeto de diversas questões em concurso da Advocacia Pública.

O meu chefe, Dr. Luiz Fernando Rodrigues dos Santos, além do incentivo diário para que eu buscasse o meu voo solo, sempre me liberava quando eu acabava as tarefas por ele designadas ou mesmo para estudar para as próximas provas de concurso público.

Eu não deixava de desempenhar minhas tarefas com afinco e qualidade, mas as fazia o mais rápido possível para que pudesse ser liberado ou aproveitar o tempo livre para estudar. Conversava com os colegas, tinha tempo para social, mas sem descuidar do que era mais importante: o meu estudo.

Fiquei lá pelo prazo máximo contratual, entrei em março de 2012 e saí após dois anos, por volta de quatro meses antes da posse como Procurador Federal.

MANTEVE A VIDA SOCIAL? FAZIA ATIVIDADE FÍSICA?

Se, ao começar um projeto de preparação para ser aprovado em uma das carreiras da AGU, a sua vida social continuar a mesma, há algo de errado nisso! No período de estudos para concurso público, o afastamento de certas pessoas e atividades é inevitável. A sua ausência será comentada e sentida por familiares e amigos, e você precisa encarar e aceitar esse fato. Aprenda a dizer não! Pense que está plantando para colher o fruto da aprovação. Os que verdadeiramente lhe querem bem vão compreender este momento da sua vida.

Claro que, sair de vez em quando é salutar, mas de vez em quando mesmo. O problema é ter consciência dessa frequência. O concurseiro deve distinguir com fidedignidade o real valor do momento.

Eu mesmo, perdi o tom no início da minha jornada. Acabei me tornando um concurseiro, digamos, "xiita", um fundamentalista cego que não sabia estudar de uma forma que não fosse compulsiva, irritando-se com tudo e com todos que atrapalhassem a minha rotina. Esse comportamento trazia como resultado degradação das relações afetivas, abalo da saúde física e mental, e, consequentemente, queda de desempenho.

Lembro bem, envergonhado, que, algumas vezes, amigos me pediram ajuda para problemas pessoais. Eu, vivendo intensamente a vida de concurseiro, não fui capaz de dar aquilo que pra mim, naquele momento, era mais caro e escasso: o meu tempo. No ano de sequidão temporal, me afadiguei emocionalmente e deixei de dar frutos. Achava que isso era foco...

O meu momento de maior divertimento era sábado à noite. Momento esse que deveria ser reservado para qualquer coisa não relacionada com o Direito. Ocorre que, muitas vezes, erroneamente, reconheço, acabava saindo com amigos concurseiros e o tema "concurso público", e os mais diversos assuntos que o rodeiam, entravam em pauta. Para o desespero da minha namorada que não é da área jurídica, às vezes, a minha semana terminava completamente voltada para esse único tema. Erro grave que eu insistia em cometer.

Ademais, eu sempre gostei de fazer atividade física, e a principal delas era a musculação. Desde os 15/16 anos, foram poucos os períodos em que fiquei sem malhar, normalmente em razão de provas seguidas durante a faculdade, viagens ou algum motivo de saúde. O meu corpo já estava acostumado com a prática regular de exercícios físicos. Porém, na minha cabeça, se isso tomava meu precioso tempo, deveria ser eliminado sumariamente.

Enquanto ainda tinha algum tempo para fazer atividade física, sem nenhum edital de concurso relevante publicado, não o fiz. Posteriormente, em momento mais crítico, quando fui avançando nas fases de concursos concomitantes, tornou-se algo impossível.

Na reta final, enfraquecido fisicamente, sofri dobrado para encarar a rotina exaustiva de estudo, com dores lombares por causa das horas sentado na cadeira do meu quarto, o que somente aliviava com aplicação de analgésico local. Percebi a importância da atividade física no processo de preparação para concursos, principalmente para combater o *stress* e garantir condições de bem estar e saúde. Da mesma forma que programava meus horários de estudo, deveria ter reservado tempo para me exercitar. Quão logo pude, voltei a malhar!

Por outro lado, busquei fortalecimento espiritual, firmando meu propósito de fé (Hebreus 11:1). Confiei no Senhor e passei a ser como árvore plantada junto às águas, estendendo as raízes para o ribeiro, sem recear quando vem o calor; e em tempos de sequidão, não iria mais deixar de dar frutos (Jeremias 17:7-8).

Acabei encontrando uma forma mais saudável de viver a vida de concurseiro a tempo de me preparar para o concurso de Procurador Federal. Aprendi a dividir melhor o tempo de estudo e o de entretenimento, e valorizar, ainda mais, o momento em que eu estivesse com a minha namorada, familiares e amigos.

COMO LIDAVA COM AS REDES SOCIAIS?

"Facebook esclarece que usuários não precisam ter opinião sobre tudo"[8]. Esse é o título de umas das matérias do site de humor Sensacionalista. De fato, cada vez mais o que se vê são os chamados "comentaristas de internet especialistas em todos os assuntos que estão em pauta naquele momento", seja em publicação própria ou alheia, o importante é marcar posição e deixar o seu comentário. Há também aqueles que se perdem expondo demasiadamente sua vida em fotos no *Instagram*, inclusive para mostrar que estão estudando, com o *Vade Mecum* aberto, livros empilhados e precedida pela frase em inglês *"no pain, no gain"*.

Acredito que tudo em excesso deixa de ser saudável, gerando danos nas mais diversas áreas da vida. No mundo dos concursos públicos, isso não é diferente. O uso desregrado das redes sociais pode acabar descambando para o desperdício do tempo de estudo com discussões ou debates políticos, jurídicos infrutíferos e trazer, como consequência, a amarga reprovação no concurso desejado.

Enquanto alguns amigos concurseiros aboliram qualquer comunicação pela internet, mantendo, no máximo, o e-mail, justamente para não perder o foco, eu acessava quase todos os dias as minhas redes sociais, acompanhando os assuntos em pauta,

---

8. http://www.sensacionalista.com.br/2015/07/03/facebook-esclarece-que--usuarios-nao-precisam-ter-opiniao-sobre-tudo/

O começo dos estudos 49

de forma mais passiva, como mero expectador, e interagindo com certo comedimento. Nada que tomasse muito do meu precioso tempo de estudo. Na verdade, depende de cada um saber aliar o que gosta (acessar as redes sociais) àquilo que lhe pode ser bastante útil (dicas ou revisão de determinadas matérias).

Antes vistas apenas como passatempos fúteis, as redes sociais se transformaram em uma potencial ferramenta para o concurseiro adquirir conhecimento. Tratam-se também de ambientes virtuais de aprendizagem, tão importantes quanto outros que conhecemos. Para um concurseiro obstinado, até mesmo um meio de entretenimento pode ser revertido em benefício da aprovação. Eu encarava assim as redes sociais. Por isso, buscava seguir professores das mais diversas disciplinas que interagiam com os alunos agregando em conteúdo jurídico.

O Facebook é uma das mais completas redes sociais para quem se prepara para concursos públicos. Por lá, encontram-se informações que podem ajudar nos estudos, como vídeos de aulas gratuitas, entrevistas com professores, promoções de cursos e muitas dicas para conquistar uma vaga no cargo almejado. Tudo em um único lugar. Isso otimiza o tempo de acesso à internet, evitando a troca sucessiva de sites.

Destaco o professor **Juan Vazquez** que fazia revisões periódicas de Direito Empresarial em sua página no Facebook, publicando fotos com dicas de tema previamente colocado em votação e escolhido pelos alunos. Acompanhar essas aulas virtuais contribuiu imensamente para aumentar meu nível de conhecimento nessa disciplina. Dentre outros, curtia e seguia a página dos professores **Pedro Lenza** e **Marcelo Novelino**, em Direito Constitucional; **Matheus Carvalho** e **Luiz Jungstedt**, em Direito Administrativo; **Marcos Aurélio Oliveira**, em Direito Administrativo e Tributário; **Fábio Souza**, em Direito Previdenciário; **Rogério Neiva Pinheiro**, em Direito e Processo do Trabalho; **Rogério Sanches Cunha**, em Direito Penal e Processual Penal,

Fredie Didier, Leonardo Carneiro da Cunha e Daniel Amorim Assumpção Neves, em Direito Processual Civil.

Utilizava também o Facebook para entrar em contato com outros candidatos, compartilhando dicas e material de estudo por meio das comunidades, o que considero bastante proveitoso.

No Twitter, cito, como exemplo, os professores Ubirajara Casado (@uscasado), Ronny Charles (@ronnycharlesadv), Irapuã Beltrão (@irapuabeltrao), Gabriel Habib (@HABIBPENAL), Gáudio R. de Paula (@gaudiodepaula).

Dentre outras ferramentas acessadas estão também o YouTube, no qual destaco o canal da professora Mila Gouveia (@gouveiamila), o Periscope, além dos sites Dizer o Direito e blogs em geral. Já nos fóruns mais conhecidos, o Fórum Concurseiros e o Correio Web, sem participar diretamente, observava as opiniões, perspectivas e dúvidas lá contidas.

2

A TEMIDA FASE DO "FIQUEI POR UMA QUESTÃO" E A POSSÍVEL VONTADE DE DESISTIR

ACONTECEU COM VOCÊ? FICAVA FELIZ POR ESTAR CADA VEZ MAIS PERTO OU TRISTE POR NÃO TER ATINGIDO O OBJETIVO?

No primeiro semestre de 2012, pouco menos de um ano após a minha colação de grau na graduação, corria forte o boato de que os editais dos concursos para os cargos de Advogado da União e de Procurador da Fazenda Nacional, carreiras da AGU, seriam lançados em breve. Toda vez que escutava notícias sentia como se uma grande oportunidade se aproximasse, mas, ao mesmo tempo, não me achava preparado para tamanho desafio. O nervosismo me tomava constantemente e me desestabilizava.

O meu maior inimigo era eu mesmo!

Passei a escutar demais alguns amigos concurseiros que "vendiam" para mim métodos de estudo e táticas de resolução de prova. Embarquei em uma ideia de que deixar questões objetivas em branco seria uma boa tática, considerando a sistemática de certo/errado que duas respostas erradas anulam uma resposta certa. Na verdade, uma resposta certa vale 0,5 ponto e uma resposta errada tira 0,25 ponto.

No concurso para a carreira de Advogado da União (2012 – ano da publicação do Edital), deixei cerca de trinta questões em branco, algo completamente equivocado. Assim que saiu o gabarito preliminar, fui conferir as respostas. Para minha surpresa e desespero, o meu desempenho foi tão ruim que, por vergonha, eu nem sequer consegui terminar o que havia começado. Bateu uma sensação de que fui eliminado de forma grotesca e ainda sai devendo pontos. Pensei em desistir, aquilo não era pra mim! Nessas horas, o desequilíbrio emocional nos faz pensar nos piores exemplos. Lembrei de uma colega de faculdade excelente que frente aos primeiros resultados negativos nas provas de concursos públicos, abandonou o sonho e seguiu outros rumos.

No dia seguinte, a cada nova pergunta sobre o meu desempenho me fazia sentir pior. Resolvi adotar o discurso de que não havia conferido e que não o faria até a convocação para a segunda fase, na qual certamente eu não estaria. O que mais me incomodava era que a maioria dos meus colegas, com o mesmo tempo de estudo, tinha sido eliminado por uma ou duas questões, e eu com um desempenho beirando ao ridículo. Eu precisava digerir aquela derrota, porque faltava menos de duas semanas para a prova objetiva de outro concurso da AGU, dessa vez, o do cargo de Procurador da Fazenda Nacional.

Não dava, o golpe foi muito forte e eu não conseguia pensar em outra coisa senão no meu desempenho pífio. O planejamento de estudo de temas de Direito e Processo Tributário, específicos para o concurso da Procuradoria-Geral da Fazenda Nacional, estava indo por água abaixo.

A pressão estava tão forte na minha cabeça que larguei tudo e fui com a minha namorada pegar um cinema no meio da semana, o que, para mim, parecia um sacrilégio. Era a minha única opção, eu precisava de uma válvula de escape naquele momento.

Pronto, distraí a cabeça, voltei pra casa, bati na cama e acordei no dia seguinte para encarar meu próximo desafio. Fiquei surpreso como um cineminha no meio da semana com o apoio moral da namorada me fez bem. Tentei cumprir o que restou do meu cronograma de estudos e entreguei nas mãos de Deus.

Domingo chegou, não era o concurso que eu mais queria, mas era o que tinha para o dia. O fantasma do mal resultado anterior ainda me assombrava um pouco durante as conversas nos corredores. Meus maus pensamentos foram interrompidos pelo soar do alarme: foco na prova! Trabalhosa, cansativa e cheia de questões específicas, conforme já esperado. Quase não deu tempo de terminar, corri no final para marcar no cartão-resposta.

Resultado preliminar divulgado no site da Banca ESAF dias depois. Confere ou não confere? Opa! Não fui tão mal, fiz o mínimo em cada um dos três Grupos de disciplinas e uma pontuação geral razoável em comparação com os demais colegas. Sai o resultado definitivo e, como um banho de água fria no meu pessimismo, fiquei por uma questão. O desânimo dessa vez perdeu o lugar para um sentimento de satisfação. Fui eliminado, mas não tão mal quanto no concurso anterior. Senti progresso por ter chegado perto de passar para a segunda fase.

No mundo da preparação para concursos, muitos candidatos, assim como eu, se perdem nos desafios emocionais, às vezes, confundindo qual é o verdadeiro objetivo do estudo.

Aquela eliminação, ou, melhor dizendo, quase aprovação, me fez perceber que o compromisso não era o de passar no concurso público, mas, sim, o de estudar para o concurso, fazendo isso com todos os meios e diligência que estivessem ao meu alcance. Trata-se de uma mudança de perspectiva: acreditando que o objetivo dos estudos é a aprovação, acabava criando uma expectativa de que para isso se concretizar dependia apenas do meu esforço próprio. Afinal, há tantos fatores externos que podem comprometer a nossa aprovação, tais como as anulações por erros da própria Banca, ou a sorte[1] – ou ausência dela – em relação ao que será indagado nas provas, dentre outros.

Quando definimos um objetivo sem reconhecer a existência de elementos que não dependem de nós, damos um passo firme rumo à frustração. O concurseiro não pode se impor uma obrigação de resultado! Há que se ter em mente que a aprovação em concurso público é uma obrigação de meio: comprometer-se a estudar da melhor maneira possível e se esforçar ao máximo para dar tudo de si. Isso faz com que passemos nesse processo tão tortuoso de forma mais equilibrada.

Ao longo dos anos de 2011 e 2012, embora, ao olhar de familiares e amigos, eu estivesse empenhado no meu intento, sentia como se faltasse algo de mim, um esforço maior, de modo a justificar meus resultados negativos nos mais diversos certames de Advocacia Pública. O sentimento era de não ter dado tudo o que podia e devia para a obtenção do resultado vitorioso. Ainda que tivesse sido aprovado, a perspectiva de nomeação parecia bem distante, como ocorreu nos concurso de Advogado da Caixa Econômica Federal e em Procuradorias municipais.

Fato é que, sob minhas mãos, repousavam possibilidades limitadas pelo próprio contexto. Afinal, não era eu quem elaborava as questões, corrigia as provas, homologava o concurso e fazia a minha própria nomeação. Antes fosse! Ou não, perderia todo o mérito da vitória!

---

1. Há quem diga que a sorte é quando a preparação encontra a oportunidade.

A temida fase do "fiquei por uma questão" e a possível vontade de desistir 55

Entretanto, por mais que exista limitação, naquilo o que nos compete como concurseiros, quando a tarefa é encarada com verdadeiro esmero, dificilmente o resultado não vem. E, o mais importante, caso não alcançado o resultado almejado, abre-se uma conclusão serena de que aquele não era, de fato, o caminho, com a pacificação que só a consciência tranquila pela coerência entre os objetivos almejados e os esforços empreendidos poderia oferecer.

Sim, existe a possibilidade de se frustrar na preparação para os concursos públicos. Porém, essa frustração somente ocorrerá com o reconhecimento de que verdadeiramente não demos tudo o que podíamos. Resolvi me livrar desse tormento, não queria perder a chance de descobrir se, caso fizesse tudo o que estava ao meu alcance, teria conseguido.

Acredito que Deus tem um propósito na vida de cada um de nós e, lá na frente, quando este se concretiza, entendemos que eventuais portas fechadas nos encaminharam para uma benção na medida certa.

Eu costumava viver períodos de estudo desenfreado até altas horas da noite – ainda que, no dia seguinte, tivesse que acordar cedo para trabalhar – e, às vezes, sem perceber, esquecia até mesmo de beber água ou ir ao banheiro, mas sabia parar em algum momento. Apesar do ritmo frenético, estudar sem peso e autocobrança excessiva faziam com que eu produzisse com grande qualidade e, consequentemente, acabava sendo algo gratificante. Era como um pintor que trabalha madrugada adentro para criar sua obra-prima, no meu caso, os meus resumos ou o cumprimento das metas.

Passei a encarar o desafio, com responsabilidade, é claro, como uma luta contra mim mesmo, continuei dando o meu melhor, motivado a cada novo desafio, independente do resultado[2]. Sabia que a minha obrigação com os estudos levada à

---

2. Há quem diga que a maior prova de coragem é suportar a derrota sem ter medo de continuar lutando.

cabo com a dedicação de sempre e, agora, com mais equilíbrio emocional, traria excepcionais resultados.

DURANTE A SUA TRAJETÓRIA, COMO MANTINHA A FORÇA DE VONTADE "ACESA"?

QUAIS RECURSOS UTILIZAVA PARA PROSSEGUIR APÓS UMA DERROTA: INDICARIA TIRAR ALGUNS DIAS DE DESCANSO?

PASSOU POR ALGUMA FASE DE STRESS E PRECISOU DAR UMA PARADA NOS ESTUDOS?

A primeira atitude de que alguém precisa para passar em concursos é dada no campo mental, da vontade, não sendo necessariamente visível por terceiros. A motivação é essencial, e a falta dela, impede o sucesso. Um concurseiro motivado estuda bem disposto e de forma mais produtiva.

Trata-se de uma escolha estritamente pessoal, cada um vai definir o que lhe dá ânimo para estudar, como, por exemplo, a independência financeira, a estabilidade, a realização profissional, o status do cargo etc. Outras pessoas podem até ajudar na motivação, mas não nos dá-la de presente. É tarefa para todos os dias: manter-se motivado. Mentalize, diariamente, os motivos que o estão fazendo ter planos, estudar e persistir.

Definir metas de estudo – no meu caso, metas diárias, semanais, mensais de número de aulas que deveria assistir e elaborar resumos – e cumpri-las, com responsabilidade, uma após uma, por si só, já é um fator estimulante. Instituir pequenos prêmios para o cumprimento dessas metas, como, por exemplo, um período maior de descanso, torna a vida do concurseiro mais agradável. Porém, alerto: procure ser verdadeiro consigo. Não estabeleça metas inatingíveis ou facilmente realizáveis.

Todo projeto de longo prazo terá momentos de grande ânimo, momentos normais e momentos de desânimo, e vontade de desistir. Eu procurava me preparar para os dias de baixa renovando a minha mente com a palavra de Deus, anotava passagens da Bíblia em um quadro e lia constantemente, tal como em Romanos 12:2. A motivação deve ser redobrada nos momentos de crise. Se não for suficiente, e você "surtar", pare por um tempo. Tudo bem, tenha a sua crise, faça o que quiser, mas volte a estudar o mais rápido possível. De preferência, recomece no dia seguinte.

Para amenizar a estafa mental pós-prova, normalmente realizadas aos domingos e precedidas de semanas frenéticas de estudo, costumava tirar, pelo menos, dois dias de descanso, segunda e terça, para ver filmes e séries. Tática essa que funcionava como válvula de escape para me desligar do mundo e viver, por algumas horas, uma história paralela, totalmente alheia à minha rotina. Saia com a namorada e amigos, mas, obrigatoriamente, sem falar de concursos públicos.

Outro fator importante, nessa fase de estudos, é estar perto de pessoas com alto astral, animadas, otimistas, e com objetivos semelhantes. Evitava muito contato com pessoas que vivem reclamando de tudo e enunciando empecilhos para a realização dos sonhos alheios. Aquelas que, mesmo de forma inconsciente, jogam a ansiedade e as frustrações nos outros, com palavras negativas e desestimulantes. Escolher as pessoas com as quais estava em contato e sintonizado fez parte da estratégia de motivação para a aprovação. O canarinho aprende a cantar ouvindo outros canários, e, juntos, cantam melhor. Estar perto de quem canta ou goste de cantar é valioso para o equilíbrio emocional.

A minha motivação pessoal passava por um ponto fundamental: eu realmente acreditava que o meu objetivo seria alcançado. A certeza da aprovação é um ponto absolutamente indispensável para que se mantenha o foco na preparação. Se você tem dúvida se vai passar, então não vai passar. Quem pode lhe reprovar é a banca, não você!

À noite, antes de dormir, eu me imaginava tomando posse como Procurador Federal, na minha sala com os processos, exercendo a advocacia pública, feliz e motivado com o meu trabalho. Isso contribuía para que continuasse nutrindo o meu sonho e não pensasse em desistir, porque sabia que não era questão de "se" passaria, mas "quando" iria passar. Tinha em mim que, se cresse, veria a gloria de Deus na minha vida (João 11:40).

Qualquer pessoa que acredita que pode passar, e se comporta de acordo com essa crença e objetivo, alcança o seu objetivo. Não adianta entrar nessa caminhada como se estivesse fazendo uma aposta, ou para "ver se vai dar". Seja otimista, estude, pense e prepare-se com determinação.

A aprovação de colegas, contemporâneos de faculdade, inclusive uma da minha turma, nos concursos para os cargos de Advogado da União (2012) e Procurador da Fazenda Nacional (2012) também contribuiu para manter a chama acessa. Encarei como exemplos a serem seguidos, motivação extra para obter a minha própria vitória.

Por fim, a imagem lúdica que vi na *internet* e me inspirou ao longo da minha preparação para nunca desistir:

3

PASSANDO NA PRIMEIRA FASE

A primeira fase é o grande "bicho papão" dos concursos para a carreira de Procurador Federal. É, obviamente, a que mais elimina! E considero a que o candidato deve dedicar-se com mais afinco, até porque passando dessa fase, a chance de aprovação no concurso aumenta bastante. Para mim, é meio caminho até a reta final de aprovação.

A prova objetiva, de caráter eliminatório e classificatório, vale 200,00 pontos, sendo constituída de 200 (duzentos) itens. O julgamento de cada item será CERTO ou ERRADO. O candidato deve ficar atento ao comando de cada item para saber se o enfoque é na lei, na jurisprudência do STF, STJ ou TST, ou mesmo na doutrina.

O conteúdo programático abrange 14 (dezesseis) disciplinas jurídicas, divididas em dois grupos. No Grupo I, 100 (cem) questões de Direito Administrativo, Constitucional, Econômico/Financeiro, Tributário, Legislação sobre Ensino, Legislação sobre a Seguridade Social. No Grupo II, 100 (cem) questões de Direito Agrário, Ambiental, Civil, Empresarial, Trabalho e Processual do Trabalho, Internacional Público e Privado, Penal e Processual Penal e Processual Civil. Na verdade, são 17 (dezessete) disciplinas jurídicas, uma vez que o Edital aborda áreas de conhecimento, considerando conjuntamente disciplinas distintas, como, por exemplo, Econômico e Financeiro, Penal e Processual Penal e Trabalho e Processual do Trabalho.

Os critérios de avaliação da prova objetiva tem sua peculiaridade, uma vez que, tradicionalmente, a Banca organizadora é o CESPE. A nota em cada item da prova objetiva, feita com base nas marcações da folha de respostas, será igual a: 1,00 ponto, caso a resposta do candidato esteja em concordância com o gabarito oficial definitivo das provas; 0,50 ponto negativo, caso a resposta do candidato esteja em discordância com o gabarito oficial definitivo das provas; 0,00, caso não haja marcação ou haja marcação dupla (C e E).

Nesse ponto, vale uma dica importante ou mesmo técnica para resolução da prova objetiva. Sim, não basta saber o conteúdo do Edital, é preciso traçar estratégias e utilizar técnicas para enfrentar a prova.

A minha dica é baseada em duas experiências distintas. Uma, frustrante, em adotar uma tática equivocada no concurso de Advogado da União (2012) conforme acima relatado. Outra, extremamente exitosa, ao conseguir a terceira maior nota na prova objetiva do último concurso de Procurador Federal (2013). Não deixe nenhuma questão em branco. "Chute" o que não sabe! Matematicamente, a probabilidade de conseguir algum ponto diante de duas questões que você não sabe as respostas é grande, senão vejamos:

Diante de duas questões, se o candidato não souber respondê-las, o artifício do "chute" traz quatro possíveis consequências: 1ª) acertar as duas, ganhando um ponto; 2ª) acertar a primeira e errar a segunda, ganhando 0,25 ponto; 3ª) errar a primeira e acertar a segunda, ganhando 0,25 ponto; e 4ª) errar as duas e perder 0,50.

Passando na primeira fase 61

Não precisa ser um *expert* em matemática para perceber que, chutando duas questões que não sabe a resposta, o candidato tem 75% de chance de obter algum proveito. A tática parece terrorista, mas respaldada na matemática. Se não quer ser tão agressivo na sua prova, tente deixar em branco o menor número possível de questões, aquelas que você não sabe absolutamente nada, nem sequer tem noção do conteúdo cobrado.

O Edital prevê que o candidato deve obter (1) nota mínima de 50,00 pontos em cada Grupo da prova objetiva e, ainda, (2) nota global mínima de 120,00 pontos no conjunto dos Grupos. Vale reforçar que a quantidade de pontos mínimos não corresponde necessariamente a quantidade de questões acertadas. Embora cada item valha um ponto, há que se considerar o critério de avaliação de duas respostas erradas anulam uma certa.

Os candidatos não eliminados segundo esses dois critérios serão ordenados de acordo com os valores decrescentes da nota obtida na prova objetiva. De acordo com o Edital, entre a prova objetiva e discursiva, há uma espécie de fase em que o candidato deve requerer sua inscrição definitiva e apresentar cópia autenticada em cartório de vários documentos. Serão convocados para essa etapa os candidatos aprovados na prova objetiva e classificados até a 1.037ª posição na listagem geral e até a 55ª posição na listagem de candidatos com deficiência, respeitados os empates na última colocação, para fins de prosseguimento no certame.

Além de fazer a pontuação mínima, necessário que o candidato também atinja o perfil subjetivo, ou seja, fique dentro do número máximo de candidatos aprovados para a próxima fase. Portanto, é preciso acertar muitas questões, ainda que se perca alguns pontos por ter "chutado" as respostas de outras.

Para tranquilizá-lo, ou não, no último concurso (2013) o número de candidatos que atenderam os dois primeiros critérios foi abaixo de 1.037, de modo que essa exigência classificatória até a referida posição tornou-se inócua.

A metodologia de estudo para a primeira fase do concurso de Procurador Federal é bem particular, tanto em razão do critério de avaliação, quanto pelo estilo de elaboração das questões pela Banca CESPE. Há um índice de subjetividade envolvido, o que demanda do candidato capacidade de interpretação dos enunciados de cada item. Por isso, a necessidade de estar muito bem exercitado e familiarizado com esse tipo de questão.

O treinamento para a prova objetiva, com a utilização de quatro instrumentos básicos, foi mencionado anteriormente.

Quanto à estratégia de resolução da prova, passo a relatar o que eu normalmente adotava na "hora h".

Primeiramente, há que se ter em mente o tempo de prova com duração de 5 horas.

Começava a responder a prova na ordem apresentada, primeiro com as disciplinas do Grupo I e depois com as do Grupo II, isto é, partia de Direito Administrativo e terminava com Direito Processual Civil.

A primeira passada, na ordem, eu ia respondendo o que realmente sabia e tinha certeza da resposta. Seguia com objetividade lendo com atenção, pensando e marcando "C" ou "E" ao lado da questão. Até porque, não voltaria a rever essas respostas, uma vez que, como disse, respondidas com alto grau de certeza. Esse era o momento de garantir a pontuação nas disciplinas e temas que eu tinha maior domínio.

Após terminada a primeira passada, iniciava a segunda passada, na qual me debruçava nas questões que tinha noção do conteúdo cobrado, mas, sem certeza da resposta. Agora, era a hora de gastar um pouco mais de tempo e batalhar para conseguir o máximo de pontuação possível. A terceira passada era decorrência da segunda, revisava e respondia as questões pendentes com base na minha convicção.

Na quarta e última passada, sobravam as questões que não tinham nenhuma noção do conteúdo cobrado. Trata-se da "hora do chute", em que tentava encontrar alguma justificativa plausível para marcar certo ou errado.

A prova foi realizada no dia 02/11/2013 (sábado). Por incrível que pareça, eu não conferi as minhas respostas com o gabarito preliminar divulgado pela Banca. Creio que, por estar disputando em concursos concomitantes – para as carreiras de Procurador do Banco Central do Brasil e de Procurador do Distrito Federal –, não quis me comprometer emocionalmente, e resisti à tentação. Há quem analise profundamente o gabarito preliminar para tentar impugnar questões controvertidas, o que considero bastante relevante, mas assim não escolhi à época.

O gabarito definitivo não demorou a ser divulgado, ocorreu em 27/11/2013. As anulações e mudanças de gabaritos envolveram 14 (quatorze) itens da prova objetiva, e alteraram substancialmente o panorama da pontuação dos candidatos. Soube de candidatos que estavam reprovados considerando o gabarito provisório e foram aprovados após o definitivo, e vice-versa.

O meu resultado, nessa fase, foi surpreendente: obtive a terceira maior nota, 149.50, sendo a maior 151.50. Glória a Deus por essa vitória, ainda que parcial!

4

APROVADO PARA A SEGUNDA FASE

Diferentemente dos concursos das outras carreiras da AGU, para o cargo de Procurador Federal as provas objetiva e discursiva são no mesmo fim de semana, a primeira (P1) no sábado à tarde e as segundas domingo, uma pela manhã (P2) e outra na parte da tarde (P3). Trata-se de uma peculiaridade que influencia diretamente na preparação.

Entretanto, há um detalhe que deve ser ressaltado: a prova objetiva (P1) vale 200 pontos, o mesmo que as duas provas discursivas (P2 e P3) juntas, tendo em vista que cada uma vale 100 pontos. Com base nisso, mantive o foco principal em questões objetivas, sem descuidar das questões formais de pareceres e peças processuais, bem como das questões discursivas.

A prova discursiva P2 consiste em um parecer de até 150 linhas e três questões de até 30 linhas cada resposta, acerca das matérias constantes do Grupo I da prova objetiva, ou seja, Direito Administrativo, Constitucional, Econômico/Financeiro, Tributário, Legislação sobre Ensino, Legislação sobre a Seguridade Social. Pelo histórico dos concursos da AGU com o CESPE

– e por isso vale conhecer as provas anteriores e a Banca –, o parecer normalmente envolve temáticas de Direito Administrativo. E, em razão da importância da disciplina para a atuação na carreira, uma das questões abordaria a Legislação sobre Seguridade Social, preferencialmente benefícios previdenciários. Previsão que se concretizou no concurso de 2013!

A prova discursiva P3 é composta de uma peça judicial de até 150 linhas e três questões de até 30 linhas cada resposta, acerca das matérias constantes dos Grupos I e II da prova objetiva. Além das disciplinas elencadas na P1, Direito Agrário, Ambiental, Civil, Empresarial, Trabalho e Processual do Trabalho, Internacional Público e Privado, Penal e Processual Penal e Processual Civil. Aqui, sendo mais imprevisível, apostei em uma questão de Direito Ambiental.

Há que se considerar a distribuição da pontuação nas provas discursivas. Para o parecer da P2 e a peça processual da P3 é atribuído 70,00 pontos, e o restante das questões vale 10,00 pontos cada. E o que isso quer dizer? O parecer e a peça processual devem ser privilegiados em detrimento das questões.

Veja como a leitura atenta do Edital, onde constam essas informações básicas, direciona automaticamente a estratégia de preparação.

O Edital também prevê que o candidato deve obter (1) nota mínima de 50,00 pontos em cada uma das provas discursivas e, ainda, (2) nota global mínima de 120,00 pontos no somatório das notas referentes às duas provas discursivas. Ademais, somente serão corrigidas as provas discursivas dos candidatos que tiveram sua inscrição definitiva deferida e foram aprovados na prova objetiva e classificados até a 824ª posição na listagem geral e até a 44ª posição na listagem de candidatos com deficiência.

No treinamento para as provas discursivas utilizei três instrumentos básicos:

Um, passei a participar do GEAGU Subjetiva, e tentava fazer, semanalmente, 3 (três) questões discursivas e 1 (um) parecer, peça ou dissertação. A possibilidade de ter a minha resposta escolhida para compor a ata de resultados era um estímulo a mais.

É claro, que o tempo nem sempre era suficiente para cumprir com essa obrigação, o que digo pelo dever de lealdade com você, leitor. Aqui, ressalto, não dá pra ficar tentando elaborar a resposta perfeita com citação doutrinária e transcrição de ementas de julgados.

A resposta deve ser elaborada com os mesmos recursos disponíveis no dia da prova, ou seja, somente a consulta a legislação, sem Súmulas e Orientações Jurisprudenciais. Além disso, importante cronometrar o tempo de resposta, estipulando um limite máximo, como, por exemplo, uma hora para parecer e peças processuais e trinta minutos para as questões discursivas. Confesso que, não fiz isso com a regularidade necessária para desenvolver a rapidez na organização dos fundamentos jurídicos e na estruturação das respostas. Ocorria o seguinte: eu lia a questão discursiva, pensava na resposta, tinha em minha mente os fundamentos jurídicos, mas não conseguia organizá-los para elaborar a resposta. Nesse processo, acabava perdendo tempo precioso. Por isso, ressalto a importância do treinamento ser honesto, simulando as condições de consulta de material e tempo de prova do concurso.

Dois, fazia resumos de temas relevantes de forma geral ou com pertinência temática à atuação na Advocacia Pública. Considerando o viés jurisprudencial da Banca CESPE, ainda maior na prova discursiva, a compilação desses temas por disciplina, com base nos informativos do STF, do STJ e do TST, facilita na previsão de possíveis questões. Se não acertasse, era comum chegar próximo ao assunto cobrado.

Três, montava "esqueletos" com a estrutura formal de parecer e das possíveis peças processuais. Não só das mais cobradas, tais como contestação, apelação, agravos em geral, como também de Recurso Especial e Extraordinário. Posteriormente, resolvi abrir ainda mais o leque e fiz modelos de Petição Inicial de ação de ressarcimento ao erário, de reintegração de posse, Ação Civil Pública, e também das ações de controle de constitucionalidade (ADI, ADC e ADPF). Por sorte – ou inspiração de Deus –, tendo feito isso, pude encarar com mais facilidade uma das peças processuais do concurso da Procuradoria Geral do Distrito Federal (2013), qual seja, uma ADPF.

Embora eu já estivesse acostumado a redigir minutas de peças processuais e pareceres nos anos de estágio e Residência Jurídica na PGE/RJ, adquiri curso específico. Nunca é demais! Além de aprender alguns detalhes de técnica processual com o professor Ubirajara Casado, passei a conhecer melhor temas relevantes de atuação da Advocacia Pública Federal como matéria de mérito. Um deles foi objeto de questão na prova discursiva.

Eventualmente, escrevia direto no papel, resolvendo peças processuais e pareceres à mão em um caderno, treinando, assim, a própria mão para não ter câimbras, evitar rasuras e borrões e fazer uma letra legível. É preciso aprender a escrever no formato da prova. Jogadores de futebol não treinam em jogos de videogame, então, você, concurseiro também não pode treinar somente no computador.

Quanto à estratégia de resolução da prova, o controle do tempo, para a P2 e P3 é ainda mais importante do que para a P1. O objetivo principal, nessa fase, é responder tudo sem deixar nada em branco. Não adianta responder perfeitamente uma questão, e deixar outra em branco porque faltou tempo.

Assim, tendo em vista que as provas discursivas tem duração de 4 horas e 30 minutos, já traçava de antemão a divisão de tempo por partes. Em regra, estabelecia o seguinte: 2 horas para parecer/peça processual e 30 minutos para cada questão.

Como dito acima, conforme o Edital, parecer/peça processual por valer 70% da pontuação da prova, deveria reservar maior tempo de atenção. E é justamente por onde eu começava a minha prova. Já com a estrutura formal em mente, primeiro, montava no espaço de rascunho os tópicos e respectivos fundamentos jurídicos a serem incluídos no parecer ou na peça processual e, depois, escrevia definitivamente na folha de resposta.

Aqui, faço um adendo. A minha letra é horrível e grande, por isso, como eu praticamente desenhava pra ficar minimamente legível e caber na folha de resposta, não poderia me dar ao luxo de montar o parecer ou a peça processual integralmente no rascunho para então passar a limpo. Essa era uma limitação que eu levava em consideração para não me enrolar com o tempo.

Na elaboração do parecer e da peça processual, a palavra-chave é organização! Além de obedecer aos aspectos formais, é extremamente importante estruturá-los em tópicos, uma para cada assunto. Na conclusão do parecer, trazia, em resumo, com uma ou duas frases, a resposta à cada alegação do administrado ou questionamento do órgão consulente. Na peça processual, voltava a minha atenção às questões preliminares, reforçadas nos pedidos. Tome o máximo de cuidado nessa parte, qualquer descuido, às vezes, por cansaço mental, pode te fazer perder pontos cruciais.

Acabada a parte mais valiosa da prova, partia para as questões, tentando resolver cada uma na ordem apresentada. Aplicava a mesma tática por conta da minha letra: primeiro, um esboço mínimo com os dispositivos legais pertinentes e, após, montava a resposta definitiva em, no máximo, 30 minutos.

Eu utilizava duas formas de responder questões discursivas em concursos cuja banca organizadora/examinadora seja o CESPE. Uma, respondendo diretamente o item perguntado e fundamentando a resposta em seguida, como, por exemplo: "O instituto do duplo grau de jurisdição obrigatório ou reexame necessário não é aplicável na hipótese descrita. Isso porque...". Outra, dissertando sobre o tema e concluindo com a resposta ao item perguntado, como, por exemplo: "Segundo o art. 496 do Novo Código de Processo Civil... O STJ consolidou seu entendimento no sentido de que... Portanto, o instituto do duplo grau de jurisdição obrigatório ou reexame necessário não é aplicável na hipótese descrita." Quando não sabia a resposta de determinada questão e não queria ser tão direto ao ponto, dissertava sobre o tema, acrescentando informações pertinentes, de modo a conseguir a maior pontuação possível. Por outro lado, se soubesse, deixava isso claro para o examinador, sendo assertivo na resposta.

O meu padrão de resposta deveria conter, obrigatoriamente: i) os dispositivos constitucionais e legais pertinentes; ii) o (último) entendimento do STF, STJ ou TST, bem como se tal entendimento está consolidado em Súmula ou Orientação Jurisprudencial, ainda que sem mencionar o respectivo número, até porque é vedada a sua consulta[1]. Lembro que no espelho de correção do parecer do concurso de 2013 continha pontuação específica para menção a jurisprudência do STF e do STJ em matéria de processo administrativo disciplinar. Portanto, se souber, não omita essa informação.

Aí você vai me perguntar: e a hora restante da prova? O tempo que sobrava, deixava pra "batalhar" uma resposta melhor

---

1. Segundo instruções de utilização do material de consulta, é permitido diplomas normativos quando os textos estiverem desacompanhados de anotações, comentários, exposição de motivos, transcrições e orientações jurisprudenciais, súmulas ou resoluções dos tribunais.

nos pontos que eu não sabia. Por fim, na reta final, revisava a prova para não desperdiçar pontos preciosos por erros no português.

A divulgação do resultado provisório das provas discursivas – que ocorreu em 28/01/2014 – demorou mais do que o esperado, por conta da judicialização do concurso para anulação de uma das questões da prova objetiva, o fatídico item 200. Aqui, diferentemente da prova objetiva, analisei minuciosamente as minhas respostas tomando como parâmetro o espelho de correção. Recorri de alguns pontos.

A decisão de exercer o sagrado direito de reclamar deve ser tomada com prudência e cuidado. Pairava sobre os candidatos o temor pela eventual possibilidade de reforma em prejuízo com a interposição de recursos. Por isso, não adianta tentar responder no recurso aquilo que não foi respondido na prova. O recurso serve para iluminar e esclarecer uma resposta boa e razoável já dada na prova.

Eis a minha fórmula para recursos da Banca CESPE. No início, em destaque, um endereçamento respeitoso, como, por exemplo: "EXCELENTÍSSIMA BANCA EXAMINADORA DO CONCURSO PÚBLICO PARA O CARGO DE PROCURADOR FEDERAL".

No primeiro parágrafo, referência à resposta: "No quesito x da Questão x da Prova Px, o candidato afirmou (...), nas linhas x a x, o que, conforme o espelho, seria o ponto principal do quesito em análise". No terceiro e/ou quarto parágrafos, defesa da resposta, com base em lei, doutrina e jurisprudência. A argumentação deve ser lógica e bem-fundamentada, rápida e convincente.

A conclusão com o pedido depende da própria resposta. Se esta chegou bem perto do parâmetro fixado no espelho de correção – naqueles casos em que não se entende o que gerou o desconto na pontuação –, sugiro o seguinte: "Verifica-se, portanto, que embora o candidato tenha desenvolvido uma linha de raciocínio dentro do tema pedido no quesito em análise, apenas lhe foi atribuído x pontos. Diante disso, requer a atribuição da pontuação integral do quesito ou, subsidiariamente, o aumento da pontuação atribuída para, pelo menos, metade de seu valor, isto é, x pontos". Caso tenha ficado aquém do padrão de resposta, o pedido seria apenas de majoração da nota.

Em suma, quanto mais simples e curto o texto, e mais fácil de se compreender e concordar, melhor! Nunca canse o examinador obrigando-o a decifrar seu recurso ou a achar as questões e os seus argumentos numa barafunda de linhas. Confusão é a última sensação que um corretor ou revisor deve sentir ao ver uma prova ou um recurso.

Nas provas discursivas, não fui tão bem como na prova objetiva, mas mantive a regularidade, tendo como nota 77.10 na P2 e 76.49 na P3, obtendo o total de 153.59. Veja que muito abaixo da maior nota, nessa fase, 177.16. Ainda assim, continuava entre os primeiros colocados, e permanecia surpreso pela tamanha benção que ia se confirmando.

5

APROVADO PARA A ORAL

O ano de 2014 começou intenso. Enquanto aguardava a divulgação do resultado da prova discursiva de Procurador Federal, na primeira semana, fui a Brasília fazer a 2ª fase do concurso da Procuradoria-Geral do Distrito Federal e, na volta, comecei a estudar para a prova oral do concurso de Procurador do Banco Central do Brasil, esta também carreira da Advocacia-Geral da União – AGU.

A possibilidade de ir para a fase oral em dois concursos de carreiras da AGU, fez com que eu decidisse investir alto na minha preparação. Resolvi me matricular no curso de oratória Rogéria Guida, em Copacabana, no Rio de Janeiro. Gastei em torno de R$ 2.000,00, pelo equivalente a um mês de preparação intensiva – e não me arrependo.

O curso consiste em palestras teóricas sobre temas da oratória como dicção, respiração, postura, ritmo e impostação da voz, englobando diversos públicos diferentes, não só concurseiros. Ao final de cada palestra, os alunos podem praticar a oratória, indo a frente falar sobre qualquer assunto e receber a avaliação crítica dos presentes e, principalmente, da equipe técnica de fonoaudiólogos.

Aos concurseiros, o curso disponibiliza salas para simulação, em grupos com número limitado de alunos. A sistemática é simples: um aluno senta a frente e responde as perguntas dos demais colegas. No final da arguição, a fonoaudióloga avalia especificamente a oratória.

No primeiro dia, caí de paraquedas em uma simulação com alunos já em estágio avançado e fui "metralhado" com todo tipo de pergunta, algumas que eu sabia a resposta, mas, simplesmente, não conseguia responder. Confesso que pensei em desistir! Não bastava ter conhecimento jurídico, se não soubesse transmiti-lo com qualidade. Aqui, eu me dei conta: precisava sair da minha zona de conforto! O maior desafio seria vencer a timidez e transformar o tremor, a desordem e o desequilíbrio emocional em um pensamento organizado, harmonioso e seguro.

Fechei uma turma com colegas que, em sua maioria, estavam na mesma situação, preparando-se para a prova oral do BACEN e também para a da PGF. Montamos a seguinte metodologia: cada um elaborava perguntas com as respectivas respostas para serem objeto de arguição. Tentávamos chegar o mais próximo possível da realidade de prova, cronometrando o tempo de resposta e, às vezes, "incorporando" aquele examinador chato que pressiona o candidato. Algumas arguições eram gravadas e disponibilizadas para que o aluno avaliasse seu próprio desempenho na oratória. A partir dessa avaliação, evolui bastante na minha postura corporal, coordenando o gestual com a exposição de ideias e, sobretudo, passei a falar mais devagar e pausado. Senti maior confiança na minha oratória, o que acabava dando fluência verbal ao discurso.

As técnicas de oratória acabam influenciando na organização do pensamento, no raciocínio jurídico, na capacidade de argumentação e no controle emocional. Assim, mesmo respondendo sem certeza, a resposta passa credibilidade, parecendo estar certa, ainda que não esteja. Trata-se de altivez sem arrogância e humildade sem submissão; responder assertivamente e falar com decisão. Afinal, era o meu futuro que estava em jogo, ou, naquela altura do campeonato, a minha lotação mais perto de casa.

Ressalto em relação à técnica de oratória porque, segundo o Edital, apenas um dos cinco critérios de avaliação da prova oral é jurídico. São eles: i) o domínio do conhecimento jurídico; ii) o emprego adequado da linguagem; iii) a articulação do raciocínio; iv) a capacidade de argumentação e convencimento; e v) o uso correto do vernáculo. Então, nessa fase, além da revisão do conteúdo jurídico, é fundamental aprimorar os aspectos concernentes à oratória.

Ao final desse curso, uma das colegas – atualmente, Procuradora Federal –, compilou as questões elaboradas com as respectivas respostas, dividindo por disciplina e temas, e montou uma apostila, o que se tornou um excelente material para revisão.

Diferentemente das fases anteriores, de provas objetiva e discursivas, que envolvem, ao todo, 17 (dezessete) disciplinas jurídicas, na oral, apenas 4 (quatro) delas são cobradas: Administrativo, Constitucional, Processual Civil e Tributário. Inegavelmente, o conteúdo programático é bem mais restrito. Na do BACEN, são 6 (seis), incluindo Civil, Empresarial e Econômico, excluindo-se Tributário.

O candidato é avaliado pelos membros da banca examinadora, dentre integrantes da carreira de Procurador Federal, referente a cada uma dessas quatro disciplinas. A nota global da prova oral é obtida pela média aritmética simples das notas atribuídas por cada um deles, no total de 100,00 pontos. Vale, portanto, metade da prova objetiva e equivalente a uma das provas discursivas. A nota mínima para a aprovação é de 50,00 pontos.

O treinamento para a prova oral, além da técnica de oratória, requer dedicação aos pontos do Edital relativos às referidas quatro disciplinas. Em se tratando de Banca CESPE, a abordagem, nessa fase, é bem direcionada aos temas pertinentes à Advocacia Pública, notadamente da carreira de Procurador Federal, com base na legislação – principalmente as que destaquei acima – e na jurisprudência dominante do STF e do STJ. Uma das medidas mais eficazes de preparação foi estabelecer um "Top 10", por exemplo, desses temas para cada disciplina, incluindo princípios, regramentos gerais e julgados relevantes.

Na vida de concurseiro jurídico a tarefa de se lembrar das informações pode se tornar um grande dilema, porque a quantidade de conteúdo que precisamos conhecer parece não ter fim. Na prova oral, o grande desfio é o tempo diminuto entre a pergunta e o início da resposta, que dura segundos.

E se a memória falhar na hora de responder uma pergunta? Se der "branco", comece pelo básico, fale algo pertinente sobre o tema, cite alguns princípios aplicáveis ao caso e, assim, articule um raciocínio associando ideias adjacentes, ainda que não consiga chegar ao cerne da questão perguntada. Ali, na hora, a pergunta já está feita e o silêncio não te dará pontos.

A memória pode até falhar, mas, normalmente, não te engana. Após ler uma pergunta em voz alta para ser respondida oralmente, ou mesmo quando o próprio examinador o faz de forma direta, a lembrança do conteúdo cobrado, às vezes, parece muito vaga, o que pode causar certa insegurança. Porém, pense: O que parece mais provável, que essa lembrança vaga seja uma verdade distante ou uma falsa lembrança, algo como seu cérebro mentindo para você mesmo?

O momento reclama apenas compreensão com a memória, que não tem culpa de ter que guardar tanta informação. Tenha paciência e mantenha a calma enquanto a memória faz a sua busca. Se o "branco" aparecer, saiba dar um tempo para a cabeça procurar, inicie a resposta calmamente, lembre-se que mostrar desenvoltura é algo que já te dará pontos suficientes e não permita que o nervosismo dificulte a busca pela informação necessária.

Na prova oral, não há mesmo muito tempo para pensar. Então, o jeito é pegar aquela lembrança vaga, acreditar nela, passar segurança ao examinador e começar a margear o tema perguntado. Surpreenda-se ao ver que, colocando a mente em movimento, as informações vão se tornando bem mais claras e, de repente, a pergunta vai sendo respondida. Com isso, foge-se do único comportamento que levaria a reprovação: a inércia.

Especialmente em relação à Banca CESPE, normalmente, a prova oral envolve de dois a quatro itens perguntados por disciplina, com respostas mais objetivas. O candidato tem quesitos para pontuar e mesmo sem saber a resposta de um desses itens com precisão pode se sair bem, demonstrando articulação do raciocínio e capacidade de argumentação e convencimento com emprego adequado da linguagem e uso correto do vernáculo, isto é, domínio dos outros critérios de avaliação não jurídicos.

Conversar com quem já passou por prova oral semelhante também é uma boa pedida. Assim fiz com os colegas que haviam acabado de ser aprovados nos últimos concursos para os cargos de Advogado da União e de Procurador da Fazenda Nacional e, na época, passaram pela experiência que eu iria passar em poucas semanas.

Chegou fevereiro de 2014, trazendo duas provas orais na mesma semana, em Brasília. A minha primeira experiência nessa fase seria dupla! Primeiro, a do concurso de Procurador do BACEN e, depois, de Procurador Federal. Neste, eu estava bem classificado, entre os primeiros colocados, e era, de fato, a carreira preferida.

Dividi o quarto de hotel com outros dois amigos que me acompanharam no curso de oratória e também concorriam nos dois concursos – ambos, atualmente, Procuradores Federais. Tínhamos bastante cumplicidade e naquilo que um sabia mais que o outro, compartilhávamos o conhecimento, bem como o material de estudo. Essa troca de informações foi tão proveitosa que cada um dos três saiu de sua respectiva prova creditando aos demais o fato de ter acertado alguma questão ou ponto específico previamente conversado.

Por sorte, os meus dois amigos fizeram a prova oral do BACEN um dia antes de mim e acalmaram a minha ansiedade por notícias. Nada diferente do que havíamos treinado no curso de oratória.

No dia da prova, o nervoso bateu e foi sendo controlado. Considerando que eram diminutas as minhas chances de classificação acima da cláusula de barreira para seguir à próxima fase, qual seja, a do curso de formação, fui fazer a prova sem peso nas costas.

As questões sorteadas para o meu turno não foram das mais fáceis. Percebi que a maioria dos examinadores quis deixar um clima agradável, passando a imagem de que seria apenas um bate-papo. Dei a melhor resposta possível para o momento! A oratória ajudou a esconder a falta de conhecimento de alguns pontos específicos, mas, no geral, gostei do desempenho na minha primeira prova oral.

De volta ao hotel, orientamos os colegas dos turnos seguintes e continuamos a preparação para a prova oral da PGF, que seria realizada em menos de uma semana.

Na véspera, reunimos nosso grupo e fizemos um debate sobre os principais temas de cada uma das quatro disciplinas que poderiam ser objeto de prova. Essa foi a última revisão.

Pois bem, o dia mais esperado chegou! A ideia de não ficar nervoso com essa prova, porque já havia feito outra semelhante na mesma semana, não funcionou. Apesar de bem preparado e classificado entre os primeiros colocados, o nervosismo chegou a mil. Ora, tratava-se do concurso mais desejado em jogo!

A sequência de arguição foi sorteada e fiquei lá pela segunda metade dos 100 (cem) candidatos que compunham o meu turno de prova. Um turbilhão de sentimentos me tomou na sala de espera. Fiquei sentado conversando com os demais candidatos, levantei, fui tomar café, tomei água, fui ao banheiro, molhei o rosto, orei, voltei pra sala de espera, passei a andar de um lado para o outro sozinho... Esses atos foram se repetindo, em sequência, até eu ser chamado para a arguição.

Enfim, o meu número foi anunciado e me dirigi para onde estava sendo realizada a prova. Era um corredor com várias salas, conforme um candidato ia saindo outro entrava. Nos minutos em pé, esperando entrar na sala designada pelo fiscal, tive um pico de ansiedade: parecia que seria jogado na cova dos leões! Entrei, cumprimentei a banca com um sonoro "bom dia a todos!" e sentei na cadeira de frente para eles. Fui orientado a escolher a ordem de arguição das disciplinas. Por óbvio, escolhi em ordem decrescente de conhecimento: Administrativo, Processual Civil, Constitucional e Tributário. Assim que o fiscal começasse a gravar, eu teria 20 (vinte) minutos para dizer o meu nome e responder as perguntas arguidas. O fiscal indicava o decorrer do tempo de prova, mas a divisão desse tempo para cada resposta cabia ao próprio candidato.

Em todos os turnos de prova, claramente, uma das disciplinas destoava das demais com uma pergunta mais difícil. Na minha foi, de cara, Administrativo: comecei pelo pior!

Senti a dificuldade da pergunta sobre contratos administrativos, e com a mão meio trêmula, peguei o copo, tomei um gole de água, respirei fundo e comecei a divagar sobre o tema indagado. Ao começar a falar, como mágica, o meu nervosismo foi passando. Apliquei as técnicas de oratória, falando pausadamente, gesticulando em sincronia com a exposição de ideias e mantendo a postura corporal com a coluna ereta. A examinadora reconheceu a pertinência das informações trazidas, mas me pressionou, tentando direcionar a minha resposta para pontuar no espelho de correção. Dei o meu melhor, mas senti, no olhar dela, que ficou faltando algo. Os examinadores, querendo, ou não, acabavam dando um *feedback* positivo ou negativo da resposta pela própria expressão facial.

Passei para as três disciplinas seguintes, respondendo com mais assertividade e eloquência os itens perguntados, não demandando intervenção ou direcionamento. Embora não tenha começado tão bem, terminei, em Tributário, recebendo elogios da examinadora. A ordem decrescente de conhecimento escolhida para a arguição transformou-se em ordem crescente de desempenho.

Ufa, acabou! Despedi-me da banca com um simples "Tchau, obrigado!" e sai da sala, aliviado e com a sensação de dever cumprido.

Dentre os resultados das fases do concurso, o mais marcante, pra mim, foi o provisório da prova oral, que saiu em plena quarta-feira de cinzas, no dia 05/03/2014. Ali, foi a certeza da aprovação. A nota final, por sua vez, foi divulgada no dia do meu aniversário, em 18/03/2014. Obtive majoração com recurso e fiquei com 90,00 pontos.

Após essa fase, estava classificado em quarto lugar, tendo perdido algumas posições por ter pontuado pouco em títulos. Daí, cai para oitavo lugar, sendo esta a minha classificação final.

6
APROVAÇÃO FINAL, NOMEAÇÃO E POSSE

COMO FOI O DIA EM QUE VIU SEU NOME NA LISTA FINAL?

COMO COMEMOROU?

DEMOROU A SER NOMEADO?

TODOS DA LISTA DE APROVADOS FORAM CHAMADOS?

O DIA DA POSSE: DESCREVA.

O PRIMEIRO SALÁRIO: FEZ ALGO DE ESPECIAL?

No dia 13/06/2014, sexta-feira, após uma prova objetiva, duas provas discursivas, uma prova oral e um programa de formação, a Banca CESPE divulgou em seu site o resultado final do concurso público, com mais de 500 aprovados, e, ainda, para minha surpresa, figurando o meu nome em oitavo lugar.

Essa longa maratona – quase uma gestação, desde agosto de 2013 – de muito estudo, chegou ao fim. Podia dizer, com certeza, àquela altura, que o meu sonho de ser Advogado Público, enfim, se tornou realidade! E por sempre crer vi a gloria de Deus na minha vida (João 11:40).

Uma semana após o resultado oficial, no dia 20/06/2014, sexta-feira, saiu, no Diário Oficial da União, a minha nomeação para o cargo efetivo de Procurador Federal.

Essa vitória foi construída e devo agradecer, em primeiro lugar, a Deus, por me fazer entender os seus propósitos e me fortalecer ao longo dessa jornada. Meus pais que fizeram o trabalho de base e familiares no incentivo constante sofrendo junto com cada etapa vencida. Aos amigos queridos, também tenho muito a agradecer, tanto aos da velha guarda quanto àqueles que, ao tempo da preparação, tornaram-se grandes aliados e, atualmente, companheiros de carreira.

Não posso deixar de destacar o apoio incondicional da minha namorada à época e, atualmente, noiva, que esteve sempre ao meu lado, me aguentando chato, estressado falando de concurso público, e nos momentos de desânimo nunca deixou a peteca cair.

Por conseguinte, veio a difícil tarefa de escolher a minha primeira lotação, a cidade onde eu passaria a morar sozinho, longe da família, namorada e amigos. Dentre as opções disponíveis nesse imenso País, escolhi Araçatuba, no oeste do interior de São Paulo, cidade essa que, até então, nunca tinha ouvido falar.

O dia 07/07/2014 foi o dia da redenção, da concretização do sonho, da chancela oficial da vitória: tomei posse como Procurador Federal.

Uma mistura de extrema alegria e emoção me tomou naquele dia. Inevitável a lembrança das dificuldades enfrentadas na preparação para o concurso, foram os últimos três anos passando como um filme em segundos na minha cabeça. Eu via, nos olhos dos meus familiares, o orgulho de terem acompanhado tudo desde o início e estarem presentes nesse momento de coroação pessoal e profissional, com a posse em cargo de tamanha relevância na defesa de políticas públicas essenciais à sociedade e ao Estado. Ali, tive a certeza de que todo o esforço valeu a pena!

A solenidade foi realizada em Brasília/DF, no auditório do Departamento Nacional de Infraestrutura de Transportes (DNIT), e contou com a participação do Advogado-Geral da União à época, Luís Inácio Adams, do Ministro do Superior Tribunal de Justiça Paulo de Tarso Sanseverino e do Procurador-Geral Federal à época, Marcelo Siqueira, além dos familiares dos 150 novos Procuradores Federais empossados. Assinei o termo de posse e ganhei um *boton* com o emblema da AGU – o qual uso na lapela do terno nas audiências e reuniões.

Após a solenidade, fui almoçar com os meus pais, tios e namorada no restaurante Nau[1] com uma vista lindíssima para o Lago Paranoá. Não faltou o brinde especial pela ocasião!

Atualmente, não há mais aprovados aguardando a convocação para integrar os quadros da PGF. Manteve-se a tradição dos concursos das carreiras da AGU: a lista de aprovados foi esgotada e todos foram convocados para nomeação dentro do prazo de validade do concurso, que, no caso, expirou em 13/06/2016.

---

1. http://site.naufrutosdomar.com.br/

A etapa seguinte era cumprir a logística Brasília-Rio de Janeiro, assistir o 7x1 da Alemanha no Brasil e, no dia seguinte, voar para Araçatuba com escala em Campinas. Chegando lá, fui tão bem recebido por todos, pelos servidores, pelas colegas que saíram removidas, bem como pelos que lá permaneceram, com muita paciência me iniciaram no trabalho e ajudaram na minha adaptação. Percebi que a benção não tinha sido só a aprovação, mas também as pessoas com quem passei a conviver.

E o primeiro salário? Muita gente me pergunta isso. Fiquei "rico", minha renda mensal quase decuplicou! Apesar dos gastos para me manter em outra cidade e voltar quinzenalmente para visitar a namorada e os familiares no Rio de Janeiro, no final do mês, sempre sobra muito mais do que aquilo com o que eu estava acostumado a viver.

A partir do meu primeiro salário, tive o prazer de retribuir, simbolicamente, parte do investimento, não só financeiro, mas também sentimental, com amor, carinho, atenção e paciência (sem cobrança!), que meus pais fizeram em mim. O primeiro dos presentes foi uma televisão *smart* e, posteriormente, uma viagem à Europa.

7

A CARREIRA E SUAS PERSPECTIVAS

Primeiramente, cumpre apresentar panorama histórico e as atribuições institucionais da Advocacia-Geral da União, enquanto Função Essencial à Justiça, e da Procuradoria-Geral Federal.

A Constituição de 1988 trouxe incontáveis avanços destinados ao aperfeiçoamento democrático e institucional do país, dentre os quais: a criação de um novo órgão, a Advocacia-Geral da União (AGU), e o posicionamento da Advocacia Pública como Função Essencial à Justiça. Essa opção permitiu que o legislador constituinte confiasse à AGU a representação judicial não somente do Poder Executivo, mas também dos Poderes Legislativo e Judiciário, sem conflitar com o princípio constitucional da independência e harmonia entre os Poderes.

Em seu artigo 131, a Constituição previu que, diretamente ou através de órgão vinculado, a AGU representaria a União judicial e extrajudicialmente, cabendo-lhe ainda as atividades de consultoria e assessoramento jurídicos do Poder Executivo. Até então, a União era representada em juízo pelo Ministério Público

Federal, e sua representação extrajudicial cabia à Consultoria-Geral da República e às Consultorias Jurídicas dos Ministérios, bem como à Procuradoria-Geral da Fazenda Nacional, esta em relação às questões de natureza tributária.

A implantação efetiva da AGU, porém, somente teve início com a edição de sua Lei Orgânica, a Lei Complementar n° 73, de 10 de fevereiro de 1993, que definiu suas regras de organização e funcionamento, instituindo um grande sistema jurídico para a União que, a partir desse marco legal, começaria a operar. Nascia, então, a Advocacia-Geral da União, com o objetivo de conferir uniformidade e sistematicidade à interpretação da legislação federal por toda a Administração, bem como de garantir a efetiva defesa dos interesses da União em juízo.

O primeiro órgão da Advocacia-Geral da União a operar dentro dessa nova realidade constitucional foi a Procuradoria-Geral da Fazenda Nacional (PGFN), instituição que já existia antes da Constituição de 1988 e que passou a integrar a AGU. Além da representação extrajudicial da União quanto à sua dívida ativa tributária, atividade que já era por ela desempenhada, foi conferida à PGFN a sua representação judicial nessa matéria, atividades essas que são desempenhadas pelos Procuradores da Fazenda Nacional sob a subordinação administrativa do Ministro da Fazenda.

Da mesma forma, as Consultorias Jurídicas dos Ministérios, que também são órgãos anteriores à nova Constituição, passaram a compor a AGU, subordinadas administrativamente aos respectivos Ministros de Estado, mas vinculadas tecnicamente ao Advogado-Geral da União. Esses órgãos mantiveram suas atribuições de assessoramento jurídico direto dos Ministros, especialmente no controle interno da legalidade dos atos a serem por eles praticados.

A Consultoria-Geral da União (CGU), por sua vez, é um órgão criado a partir da própria estruturação da AGU, embora tenha, em auxílio direto ao Advogado-Geral da União, continuado as atividades até então desenvolvidas pela extinta Consultoria-Geral da República, especialmente no que diz respeito ao assessoramento jurídico do Presidente da República e à fixação da interpretação da Constituição, leis, tratados e demais atos normativos, unificando o entendimento a respeito dos mesmos para toda a Administração Federal, direta e indireta. A partir de 2001, começaram ainda a ser implantados nas capitais dos estados os Núcleos de Assessoramento Jurídico, atualmente denominados de Consultorias Jurídicas da União nos Estados (CJUs), projeções da CGU responsáveis pela consultoria jurídica das unidades locais dos Ministérios localizadas fora de Brasília.

Assim que a Lei Orgânica da AGU foi editada, iniciaram-se ainda os procedimentos de implantação de outro de seus novos órgãos, a Procuradoria-Geral da União (PGU), a quem competiria a representação judicial da União nas causas que não tivessem natureza tributária, exatamente em substituição ao Ministério Público Federal. Para tanto, foram criadas também as Procuradorias Regionais da União, as Procuradorias da União nos Estados e as Procuradorias Seccionais da União, como forma de aproximar os Advogados da União dos Juízos e Tribunais da União em todo o país.

O último ramo a ser criado, em 2002, foi a Procuradoria-Geral Federal (PGF), que, vinculada à AGU, reuniu todas as antigas Procuradorias de autarquias e fundações públicas federais em um único órgão, responsável pela representação dessas entidades em juízo e fora dele, inclusive pelo assessoramento jurídico de seus dirigentes, tarefa que foi incumbida aos Procuradores Federais.

O único órgão jurídico da Administração indireta que não integrou a Procuradoria-Geral Federal foi a Procuradoria-Geral do Banco Central do Brasil, que ainda conta com uma carreira própria, mas integrante da AGU.

Inicialmente, a Lei Complementar nº 73, de 1993, deixou para as Procuradorias, Departamentos, Consultorias e Assessorias Jurídicas das autarquias e fundações públicas federais, enquanto órgãos vinculados individualmente à AGU, a representação judicial e extrajudicial dessas entidades, bem como as suas atividades de consultoria e assessoramento jurídicos.

Em resumo, toda a representação judicial e extrajudicial de tais entes, e, portanto, parcela significativa da consultoria e assessoramento jurídicos do Poder Executivo, esta quanto aos interesses confiados às entidades da Administração indireta, continuaram a ser exercidas pelos órgãos jurídicos existentes em cada uma das autarquias e fundações, os quais existiam no regime constitucional anterior, mas passaram a atender à nova condição de órgãos vinculados à AGU.

O modelo previsto para a Administração direta, considerando a criação, na AGU, como visto, da Procuradoria-Geral da União (PGU) e da Consultoria-Geral da União (CGU), e as novas atribuições da Procuradoria-Geral da Fazenda Nacional (PGFN), que também passou a integrar esse sistema, apontava para uma racionalização na prestação de serviços jurídicos. A conformação original do serviço jurídico da Administração indireta, formada por quase duas centenas de entidades e, consequentemente, pelo mesmo número de órgãos jurídicos individual e isoladamente vinculados à AGU, mostrou-se incapaz de manter a unidade do novo sistema jurídico da União.

Na prática, verificou-se uma grave falta de coordenação entre a AGU e os órgãos jurídicos da Administração indireta, e destes entre si. A irracionalidade do modelo impedia que o Advogado-Geral da União exercesse suas atribuições de orientação normativa e supervisão técnica de todos esses órgãos a contento e, assim, não se garantiu eficiência na prestação de serviços jurídicos à Administração indireta.

As iniciativas de criação da carreira única de Procurador Federal, de instituição de um órgão na AGU para coordenar somente as atividades jurídicas da Administração indireta e do exercício direto da representação judicial de diversas entidades federais pelos órgãos de contencioso da AGU conduziram à criação, em 2002, da Procuradoria-Geral Federal[1], órgão vinculado à AGU, nos termos do art. 131 da Carta Magna.

Segundo o art. 10 da Lei nº 10.480, de 2 de julho de 2002, "à Procuradoria-Geral Federal compete a representação judicial e extrajudicial das autarquias e fundações públicas federais, as respectivas atividades de consultoria e assessoramento jurídicos, a apuração da liquidez e certeza dos créditos, de qualquer natureza, inerentes às suas atividades, inscrevendo-os em dívida ativa, para fins de cobrança amigável ou judicial". Ainda com a criação da Procuradoria-Geral Federal (PGF), como informado, a carreira de Procurador Federal passou a integrar quadro próprio desta, deixando de compor os quadros das autarquias e fundações públicas federais.

Analisadas em conjunto, pode-se afirmar que as criações da carreira de Procurador Federal e da PGF estabeleceram um verdadeiro novo paradigma no que toca à prestação de serviços jurídicos às autarquias e fundações federais, equacionando vários dos problemas verificados a partir do modelo originalmente implantado após a Constituição de 1988. De início, essas medidas importaram em uma efetiva vinculação da PGF e seus membros à Advocacia-Geral da União, facilitando a gestão dos órgãos jurídicos dessas entidades.

---

1. Lei n.º 10.480, de 2 de julho de 2002.

Por certo, essa real vinculação da PGF à AGU, e a consequente desvinculação dos seus órgãos de execução em relação às autarquias e fundações, ainda favoreceu o desenvolvimento de um controle real da AGU sobre ingerências indevidas que os dirigentes de alguns desses entes eventualmente pudessem exercer sobre as atividades consultivas e contenciosas desempenhadas até então por suas próprias Procuradorias, Departamentos, Consultorias ou Assessorias Jurídicas.

Ao criar a Procuradoria-Geral Federal, a Lei n° 10.480, de 2002, mencionou expressamente que seria integrada pelas Procuradorias, Departamentos Jurídicos, Consultorias Jurídicas ou Assessorias Jurídicas das autarquias e fundações públicas federais, que se tornariam seus órgãos de execução. Assim, a PGF se originou exatamente da unificação daquelas quase duas centenas de órgãos jurídicos isolados e que até então integravam a estrutura dessas entidades federais.

Antes da criação da PGF, a dispersão causada pela existência de tantos órgãos jurídicos distintos comprometia a efetividade da orientação e da supervisão do Advogado-Geral da União sobre as mesmas. O fato de esses órgãos pertencerem, até então, à estrutura das entidades federais representadas, e, portanto, de estarem sujeitos a ingerências indevidas internas, que efetivamente se verificaram em alguns casos, também contribuía para dificultar a coordenação de suas atividades pela AGU.

Não obstante a necessidade de se estabelecer uma estrutura capaz de depurar casos como os referidos acima, o que também motivou a sua instituição, a existência da PGF de forma alguma se contrapõe aos legítimos interesses da Administração indireta. Da mesma forma que o próprio Estado não é um fim em si mesmo, a PGF, enquanto um dos órgãos da União, e as próprias autarquias e fundações de direito público, enquanto entes do mesmo Estado, também não existem para atender suas próprias demandas internas. Todas cumprem funções públicas e somente devem ter em vista o interesse público.

A legitimidade conferida pelo voto popular garante ao Presidente da República e aos parlamentares, no plano federal, a prerrogativa, observadas suas competências constitucionais, em razão do Estado democrático de direito, da definição das políticas a serem implementadas pela União, conforme venham a ser fixadas em lei ou outros atos normativos válidos no sistema constitucional brasileiro.

Parcela significativa dessas políticas públicas é repassada, também por lei, para a execução das autarquias e fundações públicas federais, entidades da Administração indireta, que assumem o poder-dever de implementá-las, balizando suas ações no interesse público revelado nas mesmas normas. Essas entidades são criadas por lei, para exercer atribuições previstas em lei, executando políticas públicas definidas na lei, da forma determinada pela lei, e em atenção ao interesse público informado pela lei. Parece redundante, mas toda essa assertiva pode ser resumida em uma única expressão: Estado democrático de direito.

Essas breves considerações, especialmente quando analisadas em conjunto com as atribuições legais da Procuradoria-Geral Federal, evidenciam suas finalidades e relações com as autarquias e fundações públicas federais.

A PGF, como visto, tem as atribuições de representar judicial e extrajudicialmente as entidades federais da Administração autárquica e fundacional, prestar-lhes consultoria e assessoramento jurídicos e cobrar seus créditos. Diante disso, indaga-se: qual e a sua finalidade? A resposta é simples: defender as políticas e o interesse públicos, por intermédio da orientação jurídica e representação judicial das autarquias e fundações públicas, observados os princípios constitucionais.

Considerando essa finalidade, no exercício de suas atribuições, verifica-se que a relação entre a PGF e as entidades da Administração indireta deve ser de estreita colaboração, mas sem subordinação, pois sua orientação e supervisão somente podem ser exercidas pelo Advogado-Geral da União e pelo Procurador-Geral Federal, e não por aqueles entes ou mesmo por seus dirigentes.

Essa conclusão, ou mesmo o suporte que a PGF proporciona às ações necessárias à concretização de um verdadeiro Estado democrático de direito, não autorizam, no entanto, visões autocêntricas acerca dessa relação. Deve-se sempre lembrar que o Estado, seus órgãos e entidades não existem em função de si mesmos, e a PGF somente foi instituída para viabilizar juridicamente as políticas públicas a serem implementadas pelas autarquias e fundações públicas federais. Os serviços jurídicos prestados, ainda que extremamente relevantes e, mais que isso, indispensáveis, constituem apenas parte dos insumos necessários a que esses entes alcancem seus objetivos.

A PGF, criada há quase 14 anos, está sendo estruturada para desempenhar suas atividades da seguinte forma:

Contencioso: ordinariamente executado de forma centralizada pelo Departamento de Contencioso da PGF no Supremo Tribunal Federal, nos Tribunais Superiores[2] e na Turma Nacional de Uniformização de Jurisprudência dos Juizados Especiais Federais, e pelas Procuradorias Regionais Federais (PRFs), Procuradorias Federais nos Estados (PFs), Procuradorias Seccionais Federais (PSFs) e respectivos Escritórios Avançados (EAs), a exemplo do que ocorre, na União, com a PGU e seus

---

2. O Departamento de Contencioso e demais órgão de execução da PGF também representam juridicamente a União perante a Justiça do Trabalho, na atividade de cobrança de contribuição previdenciárias decorrentes das reclamações trabalhistas, por força da delegação de competência prevista no art. 16, § 3º, II, da Lei n.º 11.457/2007 e na Portaria n.º 433/2007 PGFN/PGF.

órgãos, instituindo-se em cada unidade da PGF, de acordo com seu porte, áreas de concentração temáticas destinadas a garantir a especialização dos Procuradores Federais nos diferentes ramos do Direito que interessam às autarquias e fundações federais. Por sua vez, as Procuradorias Federais junto a cada uma das autarquias e fundações federais coordenam e orientam tecnicamente a atividade de contencioso referente às competências finalísticas dessas entidades, bem como podem executar a representação judicial extraordinária de seus respectivos entes, esta reservada apenas às medidas relevantes, urgentes ou sigilosas, definidas a critério dos seus respectivos Procuradores-Chefes.

Consultoria e Assessoramento Jurídicos: ordinariamente executados de forma descentralizada pelas Procuradorias Federais junto a cada uma das autarquias e fundações federais, a exemplo do que ocorre, na União, com as Consultorias Jurídicas dos Ministérios, de forma a garantir que as administrações centrais dessas entidades e seus respectivos dirigentes sejam atendidos em suas demandas de consultoria e assessoramento jurídicos por órgãos de execução da PGF que estejam à sua exclusiva disposição. Por sua vez, o Departamento de Consultoria da PGF coordena e orienta tecnicamente a atividade de consultoria exercida pelos órgãos de execução da PGF junto às autarquias e fundações federais, como se dá com a CGU na União. Ademais, dirime divergências entre os órgãos de execução da PGF, bem como uniformiza entendimentos em licitação, contratos, convênios, pessoal, patrimônio e matéria finalística. Por fim, pode ainda competir às PRFs, PFs e PSFs, a consultoria e o assessoramento jurídicos das unidades descentralizadas desses entes, nos moldes das CJUs na Administração direta, ressalvados os casos em que a prática de atos administrativos em sua competência finalística dependa, mesmo nessas projeções locais das entidades, de manifestação prévia de seu órgão jurídico, situação em que a Procuradoria Federal junto a esta autarquia ou fundação federal também poderá manter projeções locais, se necessário.

Dívida Ativa: as atividades prévias à inscrição de créditos tributários ou de qualquer natureza nas respectivas dívidas ativas de cada autarquia e fundação federal serão executadas de forma descentralizada pelas Procuradorias Federais junto a essas entidades, através de um sistema único, a ser fornecido pela PGF, o qual, futuramente, deverá ser o mesmo utilizado pela PGFN para a inscrição da dívida ativa da União. Por sua vez, caberá aos mesmos órgãos da PGF responsáveis pela representação judicial dos entes (Departamento de Contencioso, PRFs, PFs, PSFs e respectivos Escritórios Avançados), conforme previsto no art. 22 da Lei n° 11.457, de 16 de março de 2007, a cobrança judicial centralizada da dívida ativa desses entes.

COMEÇANDO O TRABALHO: DESAFIOS

No próprio conteúdo programático previsto no Edital, há temas que estão diretamente ligados ao desempenho do cargo de Procurador Federal. Assim, não se preocupe, o estudo desse vastíssimo conteúdo não irá se perder após a aprovação, pelo contrário, será aplicado nas mais diversas demandas. Quanto mais você chegar preparado, melhor será o seu desempenho profissional. Pense que o estudo para o concurso não tem como única e exclusiva finalidade a de ser aprovado, mas também a de tornar-se um Procurador Federal preparado para os desafios do dia a dia.

A distribuição das atividades nos órgãos de execução da Procuradoria-Geral Federal, de acordo com seu porte, geralmente ocorre em áreas temáticas, garantindo a especialização dos Procuradores Federais nos diferentes ramos do Direito que interessam às autarquias e fundações federais. São nove as principais áreas temáticas, assim, didaticamente, divididas: Cobrança e Recuperação de Créditos; Regulação, Desenvolvimento Econômico e Infraestrutura; Educação, Cultura, Ciência e Tecnologia; Previdência e Assistência Social; Servidor Público e Pessoal; Desenvolvimento Agrário e Desapropriações; Licitações e Contratos; Indígena; e Meio Ambiente;

Trago abaixo alguns comentários relativos à cada uma dessas áreas temáticas, retirados das aulas/palestras com integrantes da carreira de Procurador Federal e dos textos por eles elaborados e compilado em apostila do Programa de Formação[3], segunda etapa do concurso de caráter eliminatório e classificatório, realizado na cidade de Brasília/DF, no período de 19 de maio de 2014 a 31 de maio de 2014, bem como da minha própria atuação profissional.

COBRANÇA E RECUPERAÇÃO DE CRÉDITOS

A PGF possui dentre suas atribuições a cobrança e recuperação de créditos das Autarquias e Fundações Públicas Federais, nos termos do art. 10 da Lei n.º 10.480/2002. A atuação na área de cobrança e recuperação de créditos abrange a orientação jurídica desde a fase da constituição do crédito, passando pela inscrição em dívida ativa até a cobrança administrativa ou judicial.

Com o advento da Lei nº 11.457/2007, que atribuiu à Secretaria da Receita Federal do Brasil a competência para arrecadar e fiscalizar as contribuições previdenciárias e as contribuições sociais destinadas aos terceiros, houve a determinação para que a PGF assumisse, de forma centralizada, a execução da dívida ativa de todas as autarquias e fundações públicas federais.

A centralização da dívida ativa contribui decisivamente para a efetiva cobrança dos valores devidos a todas as 159 autarquias e fundações públicas federais. Essa mudança na

---

3. O conteúdo programático do Programa de Formação pode ser acessado no seguinte link: http://www.cespe.unb.br/concursos/agu_13_procurador/arquivos/AGU__PROCURADOR_ED__24_ABT___CONTE__DOS_PROGRAM__TICOS.PDF

sistemática da cobrança dos créditos na Administração Pública Indireta buscou aprimorar a gestão do crédito público, tornando mais eficaz a sua cobrança, além de evitar a ocorrência de nulidades e a decadência e prescrição da pretensão das autarquias e fundações públicas federais.

Atualmente, merece destaque a atuação proativa da advocacia pública, que se insere em um novo momento institucional, no qual, ao invés de assumir postura meramente reativa às demandas, opta-se por desempenhar papel estratégico voltado à defesa das políticas públicas e proteção do patrimônio público.

Assim, no que se refere à matéria de cobrança e recuperação de créditos, essa postura reflete na criação de mecanismos que visam recuperar de forma mais ágil e eficiente o patrimônio público, tanto por meio da priorização na utilização dos meios alternativos de cobrança, tais como o procedimento de conciliação prévia e o protesto de CDAs, como por meio da gestão e acompanhamento diferenciado dos grandes devedores das autarquias e fundações públicas federais.

É notório que o processo de execução fiscal[4], na forma como é atualmente concebido, não cumpre com o seu principal objetivo, qual seja, a satisfação do crédito do ente público, com o menor sacrifício do devedor. Por parte do Poder Público, os créditos em sua maioria não são adimplidos e, nas hipóteses em que são satisfeitos, há um enorme desperdício de tempo e de trabalho. Com isso, surgiram formas alternativas e mais eficazes de recuperação do patrimônio público, as quais devem ser bus-

---

4. O STJ conta com inúmeras súmulas e julgados submetidos à sistemática de recursos repetitivos em matéria de execução fiscal. Destaca-se, em especial, o entendimento no sentido de que ser possível o redirecionamento de execução fiscal de dívida ativa não-tributária, notadamente multas, contra o sócio-gerente da pessoa jurídica executada e dissolvida irregularmente, sem que seja necessária a existência de dolo (REsp 1371128/RS, Rel. Ministro MAURO CAMPBELL MARQUES, PRIMEIRA SEÇÃO, julgado em 10/09/2014, DJe 17/09/2014)

cadas por todos os agentes envolvidos no processo. Dessa forma, a PGF vem adotando medidas cooperativas para a recuperação de créditos das autarquias e fundações públicas federais.

Uma dessas medidas é o procedimento de conciliação prévia à propositura das ações de execução fiscal, o qual tem se mostrado bastante eficiente sob a relação custo-benefício, evitando-se o dispêndio desnecessário da movimentação do aparato judicial.

Ademais, as autarquias e fundações públicas federais podem ter norma interna que preveja a possibilidade de parcelamento administrativo dos respectivos créditos, antes da inscrição em dívida ativa. Todavia, estando o crédito definitivamente constituído e tendo sido encaminhado para os órgãos de execução da PGF, atualmente existem três modalidades de parcelamento dos créditos das autarquias e fundações públicas federais, quais sejam: a) Parcelamento Judicial, com fundamento nos artigos 1º e 2º da Lei n.º 9.469/1997; b) Parcelamento Extrajudicial, com fundamento no art. 37-B da Lei n.º 10.522/2002; c) Parcelamento Extraordinário, com fundamento no art. 65 da Lei nº 12.249/2010.

Outra forma alternativa e mais eficaz de recuperação de crédito é o protesto de Certidões de Dívida Ativa – CDA's. O procedimento adotado pela Procuradoria Federal responsável consiste no encaminhamento das certidões de dívida ativa para protesto extrajudicial por falta de pagamento ao Cartório do domicílio do devedor, anteriormente ao ajuizamento da execução fiscal. O referido procedimento encontra-se previsto na Lei nº 9.492/1997, alterada pela Lei nº 12.767/2012, para constar expressamente a possibilidade de protesto de CDA's.

Uma vitória importante do ano de 2013 foi obtida no Superior Tribunal de Justiça, que superou jurisprudência anterior, admitindo expressamente o protesto de CDA's, mesmo em relação ao período anterior à alteração legislativa supramencionada

(REsp 1126515/PR, Rel. Ministro HERMAN BENJAMIN, SEGUNDA TURMA, julgado em 03/12/2013, DJe 16/12/2013)[5].

---

5. Considerando a importância do julgado, cumpre colacionar sua ementa: PROCESSUAL CIVIL E ADMINISTRATIVO. PROTESTO DE CDA. LEI 9.492/1997. INTERPRETAÇÃO CONTEXTUAL COM A DINÂMICA MODERNA DAS RELAÇÕES SOCIAIS E O "II PACTO REPUBLICANO DE ESTADO POR UM SISTEMA DE JUSTIÇA MAIS ACESSÍVEL, ÁGIL E EFETIVO". SUPERAÇÃO DA JURISPRUDÊNCIA DO STJ. 1. Trata-se de Recurso Especial que discute, à luz do art. 1º da Lei 9.492/1997, a possibilidade de protesto da Certidão de Dívida Ativa (CDA), título executivo extrajudicial (art. 586, VIII, do CPC) que aparelha a Execução Fiscal, regida pela Lei 6.830/1980. 2. Merece destaque a publicação da Lei 12.767/2012, que promoveu a inclusão do parágrafo único no art. 1º da Lei 9.492/1997, para expressamente consignar que estão incluídas "entre os títulos sujeitos a protesto as certidões de dívida ativa da União, dos Estados, do Distrito Federal, dos Municípios e das respectivas autarquias e fundações públicas". 3. Não bastasse isso, mostra-se imperiosa a superação da orientação jurisprudencial do STJ a respeito da questão. 4. No regime instituído pelo art. 1º da Lei 9.492/1997, o protesto, instituto bifronte que representa, de um lado, instrumento para constituir o devedor em mora e provar a inadimplência, e, de outro, modalidade alternativa para cobrança de dívida, foi ampliado, desvinculando-se dos títulos estritamente cambiar informes para abranger todos e quaisquer "títulos ou documentos de dívida". Ao contrário do afirmado pelo Tribunal de origem, portanto, o atual regime jurídico do protesto não é vinculado exclusivamente aos títulos cambiais. 5. Nesse sentido, tanto o STJ (RESP 750805/RS) como a Justiça do Trabalho possuem precedentes que autorizam o protesto, por exemplo, de decisões judiciais condenatórias, líquidas e certas, transitadas em julgado. 6. Dada a natureza bifronte do protesto, não é dado ao Poder Judiciário substituir-se à Administração para eleger, sob o enfoque da necessidade (utilidade ou conveniência), as políticas públicas para recuperação, no âmbito extrajudicial, da dívida ativa da Fazenda Pública.
7. Cabe ao Judiciário, isto sim, examinar o tema controvertido sob espectro jurídico, ou seja, quanto à sua constitucionalidade e legalidade, nada mais. A manifestação sobre essa relevante matéria, com base na valoração da necessidade e pertinência desse instrumento extrajudicial de cobrança de dívida, carece de legitimação, por romper com os princípios da independência dos poderes (art. 2º da CF/1988) e da imparcialidade. 8. São falaciosos os argumentos de que o ordenamento jurídico (Lei 6.830/1980) já instituiu mecanismo para a recuperação do crédito fiscal e de que o sujeito passivo não participou da constituição do crédito. 9. A Lei das Execuções Fiscais disciplina exclusivamente a cobrança judicial da dívida ativa, e não autoriza, por si, a insustentável conclusão de que veda, em caráter permanente, a instituição, ou utilização, de mecanismos de cobrança extrajudicial. 10. A defesa da tese

A carreira e suas perspectivas

A PGF, por meio da Coordenação-Geral de Cobrança e Recuperação de Créditos (CGCOB), desenvolveu também o Grupo

de impossibilidade do protesto seria razoável apenas se versasse sobre o "Auto de Lançamento", esse sim procedimento unilateral dotado de eficácia para imputar débito ao sujeito passivo. 11. A inscrição em dívida ativa, de onde se origina a posterior extração da Certidão que poderá ser levada a protesto, decorre ou do exaurimento da instância administrativa (onde foi possível impugnar o lançamento e interpor recursos administrativos) ou de documento de confissão de dívida, apresentado pelo próprio devedor (e.g., DCTF, GIA, Termo de Confissão para adesão ao parcelamento, etc.). 12. O sujeito passivo, portanto, não pode alegar que houve "surpresa" ou "abuso de poder" na extração da CDA, uma vez que esta pressupõe sua participação na apuração do débito. Note-se, aliás, que o preenchimento e entrega da DCTF ou GIA (documentos de confissão de dívida) corresponde integralmente ao ato do emitente de cheque, nota promissória ou letra de câmbio. 13. A possibilidade do protesto da CDA não implica ofensa aos princípios do contraditório e do devido processo legal, pois subsiste, para todo e qualquer efeito, o controle jurisdicional, mediante provocação da parte interessada, em relação à higidez do título levado a protesto. 14. A Lei 9.492/1997 deve ser interpretada em conjunto com o contexto histórico e social. De acordo com o "II Pacto Republicano de Estado por um sistema de Justiça mais acessível, ágil e efetivo", definiu-se como meta específica para dar agilidade e efetividade à prestação jurisdicional a "revisão da legislação referente à cobrança da dívida ativa da Fazenda Pública, com vistas à racionalização dos procedimentos em âmbito judicial e administrativo". 15. Nesse sentido, o CNJ considerou que estão conformes com o princípio da legalidade normas expedidas pelas Corregedorias de Justiça dos Estados do Rio de Janeiro e de Goiás que, respectivamente, orientam seus órgãos a providenciar e admitir o protesto de CDA e de sentenças condenatórias transitadas em julgado, relacionadas às obrigações alimentares. 16. A interpretação contextualizada da Lei 9.492/1997 representa medida que corrobora a tendência moderna de intersecção dos regimes jurídicos próprios do Direito Público e Privado. A todo instante vem crescendo a publicização do Direito Privado (iniciada, exemplificativamente, com a limitação do direito de propriedade, outrora valor absoluto, ao cumprimento de sua função social) e, por outro lado, a privatização do Direito Público (por exemplo, com a incorporação – naturalmente adaptada às peculiaridades existentes – de conceitos e institutos jurídicos e extrajurídicos aplicados outrora apenas aos sujeitos de Direito Privado, como, e.g., a utilização de sistemas de gerenciamento e controle de eficiência na prestação de serviços). 17. Recurso Especial provido, com superação da jurisprudência do STJ. (REsp 1126515/PR, Rel. Ministro HERMAN BENJAMIN, SEGUNDA TURMA, julgado em 03/12/2013, DJe 16/12/2013) de Cobrança dos Grandes Devedores (GCGD) das Autarquias e Fundações Públicas Federais. As entidades que atualmente possuem seus créditos monitorados pelo GCGD são: Agência Nacional de Telecomunicações (ANATEL), Agência Nacional de Energia Elétrica (ANEEL), Departamento Nacional de Produção Mineral (DNPM), Instituto Brasileiro do Meio Ambiente e dos Recursos Naturais Renováveis (IBAMA) e a Agência a Nacional do Petróleo, Gás Natural e Biocombustíveis (ANP).

A criação do GCGD foi mencionada em relatório da Organização das Nações Unidas (ONU), que destacou a atuação da Advocacia-Geral da União (AGU) no combate à corrupção e na recuperação de ativos. Além do Brasil, apenas outros três países – Estados Unidos, França e Indonésia – já receberam menção semelhante por parte da ONU.

Dentre os créditos das autarquias e fundações públicas federais, ganham relevo os relativos ao exercício do poder de polícia – taxas e multas – e os referentes a ressarcimento ao erário, tais como os decorrentes de decisões do Tribunal de Contas da União (TCU) ou de tomada de contas especial. O sucesso na cobrança judicial ou extrajudicial tem fundamental importância para as entidades representadas pela PGF, não só pelo ingresso de recursos públicos, mas principalmente como instrumento de concretização do efeito pedagógico das multas e como fator de inibição de fraudes, transmitindo, por consequência, à sociedade o sentimento de cumprimento da legislação.

A relevância de determinadas medidas de recuperação de valores devidos aos cofres das autarquias e fundações públicas, seja pela natureza dos atos que causaram os prejuízos, seja em razão do montante dos valores envolvidos, acarretou a classificação das respectivas ações como ações prioritárias, as quais são submetidas a acompanhamento especial.

As ações judiciais relativas à cobrança e recuperação de créditos sujeitas a acompanhamento prioritário na Procuradoria-Geral Federal (PGF) são: a) execuções de decisões proferidas pelo Tribunal de Contas da União (TCU); b) ações regressivas acidentárias; c) ações de ressarcimento ao erário decorrentes de tomadas de contas especiais (TCEs), ações de improbidade administrativa, e seus respectivos procedimentos criminais; d) ações de cobrança e recuperação de créditos consolidados de valores iguais ou superiores a R$ 1.000.000,00 (um milhão de reais).

A ação regressiva previdenciária é o instrumento processual através do qual o Instituto Nacional de Seguro Social (INSS) postula o ressarcimento de despesas previdenciárias determinadas pela ocorrência dos atos ilícitos das seguintes espécies: descumprimento de normas de saúde e segurança do trabalho que resultar em acidente do trabalho (ação regressiva acidentária); cometimento de crimes de trânsito na forma do Código de Trânsito Brasileiro (ação regressiva de trânsito); prática de ilícitos penais dolosos que resulte em lesão corporal, morte ou perturbação funcional (nos casos de violência doméstica, ensejará a ação regressiva Maria da Penha). A ação regressiva acidentária possui fundamento legal no artigo 120 da Lei n° 8.213/1991, o qual estabelece o seguinte:

> *"Art. 120. Nos casos de negligência quanto às normas padrão de segurança e higiene do trabalho indicados para a proteção individual e coletiva, a Previdência Social proporá ação regressiva contra os responsáveis".*

Entretanto, ainda que não houvesse a previsão legal e específica transcrita acima, poder-se-ia enquadrar a situação na regra geral da responsabilização civil, conforme ocorre com as demais modalidades de ações regressivas (de trânsito e Maria da Penha), em que o fundamento normativo está no instituto da responsabilidade civil previsto nos arts. 186 c/c 927 do Código Civil.

O ajuizamento de uma **ação regressiva acidentária** reclama a coexistência de três pressupostos fáticos, que são: acidente do trabalho sofrido por um segurado do INSS; despesa previdenciária; e a negligência do empregador representada pelo descumprimento ou ausência de fiscalização das normas de saúde e segurança do trabalho.

As **ações regressivas de trânsito** possuem três pressupostos: acidente de trânsito que vitime um segurado do INSS; despesa previdenciária (idêntico à ação regressiva acidentária); conduta ilícita tipificada pela afronta a dispositivo do Código de Trânsito Brasileiro.

As **ações regressivas Maria da Penha**, por sua vez, pressupõem: ato de violência doméstica e/ou familiar que vitime segurada do INSS; despesa previdenciária; ação que cause morte ou lesão em uma das formas previstas no art. 5º da Lei Maria da Penha (Lei nº 11.340/2006); inexistência de convivência da vítima com o agressor.

Com a propositura das ações regressivas acidentárias, o INSS pretende alcançar dois relevantes objetivos. O primeiro deles, denominado explícito ou imediato, consiste no ressarcimento dos gastos públicos suportados com as prestações sociais implementadas por força da prática de atos ilícitos. O segundo, de caráter implícito ou mediato, é servir de medida punitivo-pedagógica que contribua para a concretização de determinadas políticas públicas voltadas à prevenção de acidentes do trabalho, de trânsito e ilícitos em geral, com ênfase para os casos de violência doméstica.

As ações regressivas previdenciárias são um instrumento de extrema importância posto à disposição do INSS pelo ordenamento jurídico e possibilitam que a Autarquia, a um só tempo, postule o ressarcimento de despesas previdenciárias cuja origem reside em ato ilícito perpetrado por terceiros, bem como colabore com as políticas públicas de redução de acidentes de trabalho, acidentes de trânsito e violência doméstica contra a mulher.

Por fim, as Execuções Fiscais Trabalhistas – EFT[6], passaram a ser acompanhada por órgão da Procuradoria-Geral Federal – PGF, após o advento da Lei n° 10.480/2002 (art. 9°). Com a edição da Lei n° 11.457/2007 (art. 2°), a gestão da arrecadação e cobrança passou à União Federal e a representação judicial fora conferida à PGFN (CF, art. 131 c/c art. 16 da Lei n° 11.457/2002), com possibilidade de delegação à PGF (Portaria PGFN/PGF n° 433, de 25/04/2007), o que de fato ocorreu, sendo competência desta.

REGULAÇÃO, DESENVOLVIMENTO ECONÔMICO E INFRAESTRUTURA

A Lei n° 12.529/2011 é de extrema importância nessa temática, pois reestruturou o Sistema Brasileiro de Defesa da Concorrência – SBDC e trouxe inovações e institutos como o controle preventivo de atos de concentração (art. 88) e repressivo de condutas eu constituem infração à ordem econômica (art. 36); o compromisso de cessação (art. 85) e acordo de leniência (art. 86).

Após o advento dessa lei e do Decreto n° 7.738/2012, a Procuradoria Federal Especializada junto ao CADE – Conselho Administrativo de Defesa Econômica é dirigida por um Procu-

---

6. A PGF obteve, no TST, decisão favorável (E-RR n° 1125-36.2010.5.06.0171) que deve assegurar mais R$ 1,5 bilhão por ano para os cofres da Previdência Social. A redação dada pela Lei n° 11.941/2009 ao artigo 43 da Lei n° 8.212/1991 diz expressamente que os juros devem incidir a partir da efetiva prestação de serviço. O plenário do tribunal acolheu a tese de que a empresa condenada no âmbito de ação trabalhista deve pagar juros sobre as contribuições previdenciárias não recolhidas desde o período da prestação dos serviços pelo trabalhador, e não somente a partir da liquidação de sentença, como entendia a jurisprudência até então.

rador Federal-Chefe e conta com uma Adjuntoria e três Coordenações-Gerais. A Adjuntoria é incumbida não só de auxiliar diretamente o Procurador-Chefe, como também de apurar a certeza e liquidez dos créditos do Cade e proceder a sua inscrição em dívida ativa.

A **Coordenação-Geral de Estudos e Pareceres (CGEP)** é o órgão consultivo incumbido de coordenar a atuação dos Procuradores Federais em exercício na PFE/Cade na elaboração de pareceres ou notas sobre temas relacionados à atividade finalística do Cade, nas diversas espécies de processos administrativos listadas pelo artigo 48 da Lei n.º 12.529/2011.

A **Coordenação-Geral de Matéria Administrativa (CGMA)** é o órgão consultivo incumbido de coordenar a atuação dos Procuradores Federais na elaboração de pareceres ou notas sobre as licitações, os contratos administrativos e os convênios do Cade, sobre questões jurídicas relativas aos recursos humanos do Cade, sobre procedimentos administrativos disciplinares e sobre outras matérias relacionadas às atividades-meio da Autarquia.

A **Coordenação-Geral do Contencioso Judicial (CGCJ)** é o órgão contencioso incumbido de coordenar a atuação dos Procuradores Federais na representação do Cade perante o Poder Judiciário, na postulação e/ou na defesa dos interesses da autarquia em juízo, na promoção de execuções judiciais das decisões do Cade, na tomada das medidas judiciais necessárias à cessação de infrações à ordem econômica ou à obtenção de documentos para a instrução de processos administrativos de qualquer natureza, incluindo propositura de ações de busca e apreensão, e na formalização de acordos judiciais.

A reestruturação do Sistema Brasileiro de Defesa da Concorrência – SBDC conferiu maior efetividade ao controle de estruturas, de forma a evitar a consumação de efeitos nocivos à concorrência por meio de concentrações de empresa. O SBDC vem intensificado o combate às condutas anticoncorrenciais, modernizando a estrutura de investigação e propondo as medidas cabíveis para a colheita de mais indícios das práticas lesivas à concorrência.

No setor regulatório, cumpre mencionar a atuação das agências reguladoras, criadas para fiscalizar a prestação de serviços públicos praticados pela iniciativa privada. Além de controlarem a qualidade na prestação do serviço, estabelecem regras para o setor. Atualmente, existem dez agências reguladoras. A regulação envolve medidas e ações do Governo que envolvem a criação de normas, o controle e a fiscalização de segmentos de mercado explorados por empresas para assegurar o interesse público.

A **Agência Nacional de Energia Elétrica (Aneel)**, autarquia criada em 1996, é vinculada ao Ministério de Minas e Energia (MME). A agência regula e fiscaliza a geração, a transmissão, a distribuição e a comercialização da energia elétrica. Atende, ainda, a reclamações de agentes e consumidores e media os conflitos de interesses entre os agentes do setor elétrico e entre estes e os consumidores.

A **Agência Nacional de Telecomunicações (Anatel)**, autarquia criada em 1997, vinculada ao Ministério das Comunicações. A agência promove o desenvolvimento das telecomunicações no País, com poderes de outorga, regulamentação e fiscalização, adota medidas necessárias para atender ao interesse do cidadão.

A **Agência Nacional do Petróleo, Gás Natural e Biocombustíveis (ANP)**, autarquia criada em 1998, é vinculada ao Ministério de Minas e Energia (MME). A agência regula as atividades da indústria de petróleo e gás natural e dos biocombustíveis, bem como estabelece regras, contrata profissionais e fiscaliza as atividades das indústrias reguladas.

A **Agência Nacional de Vigilância Sanitária (Anvisa)** foi criada em 1999, é vinculada ao Ministério da Saúde. A agência protege a saúde da população ao realizar o controle sanitário da produção e da comercialização de produtos e serviços que devem passar por vigilância sanitária, fiscalizando, inclusive, os ambientes, os processos, os insumos e as tecnologias relacionados a esses produtos e serviços. A Anvisa também controla portos, aeroportos e fronteiras e trata de assuntos internacionais a respeito da vigilância sanitária.

A **Agência Nacional de Saúde Suplementar (ANS)**, criada em 2000, é vinculada ao Ministério da Saúde. A agência promove a defesa do interesse público na assistência suplementar à saúde, regula as operadoras setoriais, inclusive quanto às suas relações com prestadores e consumidores, e contribui para o desenvolvimento das ações de saúde no país[7].

---

7. A principal demanda judicial da ANS é a ação de ressarcimento ao Sistema Único de Saúde – SUS em face das operadoras de planos privados de assistência à saúde, pelos serviços de atendimento à saúde previstos nos respectivos contratos, prestados a seus consumidores e respectivos dependentes, em instituições públicas ou privadas, conveniadas ou contratadas, integrantes do SUS, obrigação cogente que decorre do art. 32 da Lei nº 9.656/1998. O ressarcimento ao SUS revela-se devido apenas quando a pessoa atendida pelo SUS detém, naquele instante, cobertura assistencial privada, nos termos do contrato firmado com uma determinada operadora de planos de assistência privada à saúde. Portanto, para que tal obrigação seja concretamente exigível é essencial a existência de cobertura contratual quanto ao procedimento cobrado pela ANS. O julgamento da Medida Cautelar na ADI 1931-8 não indica, a inaplicabilidade do art. 32 da Lei n.º 9.656/1998 aos contratos firmados anteriormente à sua vigência. O STF, ao suspender a eficácia de outros dispositivos da referida lei, invocou o princípio da segurança jurídica. No caso do ressarcimento ao SUS, só haveria violação ao ato jurídico perfeito (contrato) se o art. 32 da Lei 9.656/98 alcançasse os procedimentos hospitalares realizados anteriormente à vigência deste diploma legal, exigindo-se, quanto aos mesmos, valores a título restituição pelos serviços prestados pela rede pública de saúde.

A **Agência Nacional de Águas (ANA)**, criada em 2000, é vinculada ao Ministério do Meio Ambiente (MMA). A agência implementa e coordena a gestão dos recursos hídricos no país e regula o acesso à água, sendo responsável por promover o uso sustentável desse recurso natural, a fim de beneficiar não só a geração atual, mas também as futuras.

A **Agência Nacional do Cinema (Ancine)**, autarquia criada em 2001, é vinculada ao Ministério da Cultura (MinC). A agência tem como objetivo principal o fomento à produção, à distribuição e à exibição de obras cinematográficas e videofonográficas. Além disso, regula e fiscaliza as indústrias que atuam nessas áreas.

A **Agência Nacional de Transportes Aquaviários (Antaq)**, criada em 2001, é vinculada ao Ministério dos Transportes. A agência implementa, em sua área de atuação, as políticas formuladas pelo ministério e pelo Conselho Nacional de Integração de Políticas de Transporte (Conit). Além disso, regula, supervisiona e fiscaliza os serviços prestados no segmento de transportes aquaviários e a exploração da infraestrutura portuária e aquaviária exercida por terceiros.

Em aderência à evolução do setor portuário, a Lei n.º 12.815/2013 foi editada com a finalidade de promover a (i) ampliação da infraestrutura e a modernização da infraestrutura portuária, (ii) o estímulo à expansão dos investimentos do setor privado e (iii) o aumento da movimentação de cargas com redução dos custos e eliminação de barreiras de entrada. Reforçou-se, ainda, a competência da Secretaria de Portos (SEP/PR), órgão subordinado à Presidência da República, para promover o planejamento do setor portuário, notadamente com vistas a atrair investimentos privados e a estimular a competição.

A **Agência Nacional dos Transportes Terrestres (ANTT)** foi criada em 2001, é vinculada ao Ministério dos Transportes e tem independência administrativa e financeira. A agência é responsável pela concessão de ferrovias, rodovias e transporte ferroviário relacionado à exploração da infraestrutura; e pela permissão de transporte coletivo regular de passageiros por rodovias e ferrovias. Além disso, é o órgão que autoriza o transporte de passageiros realizado por empresas de turismo sob o regime de fretamento, o transporte internacional de cargas, a exploração de terminais e o transporte multimodal (transporte integrado que usa diversos meios)[8].

A **Agência Nacional de Aviação Civil (Anac)**, criada em 2005 para substituir o Departamento Nacional de Aviação Civil, é vinculada à Secretaria de Aviação Civil da Presidência da República. A agência regular e fiscalizar as atividades do setor. É de sua responsabilidade garantir segurança no transporte aéreo, a qualidade dos serviços e respeito aos direitos do consumidor.

No que toca ao desenvolvimento econômico e à infraestrutura, não se pode deixar de falar do Programa de Aceleração do Crescimento, ou PAC, que conta com 54 obras ligadas a infraestrutura de energia, de usinas de geração até linhas de transmissão. Essas obras são alvo de inúmeras ações judiciais. A maioria das impugnações são feitas pelo Ministério Público Federal, notadamente contestando o licenciamento ambiental, suas diversas fases e o cumprimento de condicionantes. Outros motivos para a impugnação judicial das obras envolvem a Convenção OIT 169, que prevê a consulta de populações indígenas e povos tradicionais das áreas impactadas. Também existem questionamentos com base no artigo 231, § 3º, da Constituição

---

8. Dentre as ações em que a ANTT atua no polo ativo: ação demolitória em área *non aedificandi*; ação de reintegração de posse; ação de desapropriação direta; ação de obrigação de fazer para regularização de acesso à rodovias federais; ação de interdito proibitório para coibir distúrbios em rodovias federais. No polo passivo: ação anulatória de auto de infração; ação civil pública impugnando tarifa de pedágio; mandado de segurança impugnando apreensão de veículo.

Federal, que prevê a necessidade de autorização do Congresso para o "aproveitamento" de recursos naturais que estejam em terras indígenas. Trata-se de uma das áreas com o maior embate judicial entre MPF e AGU/PGF. Os principais alvos são as usinas hidrelétricas, sobretudo a de Belo Monte, a maior obra de energia em andamento da história do País[9].

Enfim, o papel do Procurador Federal nessa temática tão diversificada consiste em conhecer os elementos jurídicos do setor específico para melhor atuar na defesa e implementação das políticas públicas.

EDUCAÇÃO, CULTURA, CIÊNCIA E TECNOLOGIA

Os temas que envolvem a educação, a cultura, a ciência e a tecnologia ocupam espaços destacados na ordem jurídica nacional, sendo objeto, pois, de formatação e execução de várias políticas públicas para o crescimento social e econômico do país, dentre as quais, o Enem e o Fies.

No eixo da educação, cultura, ciência e tecnologia encontram-se o maior número de instituições federais representadas pela PGF, dentre as quais: Agência Nacional do Cinema (Ancine), Coordenação de Aperfeiçoamento de Pessoal de Nível Superior (Capes), Colégio Pedro II, Conselho Nacional de Desenvolvimento Científico e Tecnológico (CNPq), Escola Nacional de Administração Pública (Enap), Fundação Biblioteca Nacional (FBN), Fundação Cultural Palmares (FCP), Fundação Casa de Rui Barbosa (FCRB), Fundo Nacional de Desenvolvimento da Educação (FNDE), Fundação Alexandre de Gusmão (Funag), Fundação Nacional das Artes (Funarte), Fundação Joaquim Nabuco (Fundaj), Instituto Brasileiro de Museus (Ibram), Instituto

---

9. http://www.conjur.com.br/2015-fev-09/obras-infraestrutura-energia-pac--sao-alvo-205-acoes

Nacional de Estudos e Pesquisas Educacionais Anísio Teixeira (Inep), Instituto do Patrimônio Histórico e Artístico Nacional (Iphan) e Instituições Federais de Ensino Superior (IFES) – universidades federais e institutos federais. Todas essas instituições executam importantes políticas públicas para o Estado Brasileiro, as quais, em algum momento, irão demandar a atuação do Procurador Federal, seja no consultivo, seja no contencioso.

De todas as instituições acima referenciadas, as Instituições Federais de Ensino Superior (IFES) certamente são as que mais demandam a atuação da PGF, seja pela quantidade elevada de universidades e institutos federais, seja pelo conjunto de ações administrativas posto a cargo destas entidades, o que gera, por consequência, um grande fluxo de atuação da advocacia pública.

Destacam-se as temáticas da autonomia universitária, previstas nos arts. 207 da Constituição Federal e 53 da Lei n.º 9.394/1996; a política de cotas para ingresso no ensino superior veiculada pela Lei n° 12.711/2012[10] e demais ações afirmativas; a exigência de conclusão do ensino médio para ingresso no ensino superior, requisito legal previsto no art. 44, II, da Lei n.º 9.394/1996; o crédito de financiamento estudantil (FIES)[11]; a

---

10. Os requisitos da renda familiar *per capita* e da escola pública tem natureza objetiva, não comportando exceções, a fim de desnaturar a política pública de cotas para ingresso no ensino superior. Nesse sentido, se o candidato frequentou disciplinas do ensino médio em instituição particular, ainda que gratuitamente, não faz jus à matrícula dentro do sistema de cotas para egressos do ensino público. De acordo com o entendimento da Segunda Turma do STJ: "a exigência de que os candidatos a vagas como discentes no regime de cotas 'tenham realizado o ensino fundamental e médio exclusivamente em escola pública no Brasil', constante no edital do processo seletivo vestibular, é critério objetivo que não comporta exceção, sob pena de inviabilizar o sistema de cotas proposto" (AgRg no REsp 1314005/RS, Rel. Ministro MAURO CAMPBELL MARQUES, SEGUNDA TURMA, julgado em 21/05/2013, DJe 28/05/2013).

11. Segundo a jurisprudência do STJ: i) os contratos firmados no âmbito do Programa de Financiamento Estudantil – FIES não se subsumem às regras

revalidação de diploma obtido no estrangeiro[12] e a cobrança de taxas em estabelecimentos públicos de ensino[13].

Dentre a multiplicidade de temas inerentes ao núcleo de educação, revela-se importante mencionar o papel das Fundações de Apoio às Instituições Federais de Ensino (IFE), visando a promoção e incentivo estatal ao desenvolvimento científico, a pesquisa e a capacitação tecnológicas e a missão das Associações de Amigos no Estatuto dos Museus, como mecanismo de apoio estatal à cultura e da Empresa Brasileira de Serviços Hospitalares (EBSERH) – empresa pública prestadora de serviço público, criada especificamente para auxiliar na gestão e reestruturação dos hospitais universitários federais.

Os temas que envolvem a educação, cultura, ciência e tecnologia ocupam espaços destacados na ordem jurídica nacio-

---

encartadas no Código de Defesa do Consumidor; ii) em se tratando de crédito estudantil, não se admite sejam os juros capitalizados, haja vista a ausência de autorização expressa por norma específica (REsp 1155684/RN, Rel. Ministro BENEDITO GONÇALVES, PRIMEIRA SEÇÃO, julgado em 12/05/2010, DJe 18/05/2010).

12. Segundo a jurisprudência do STJ, as universidades podem fixar normas específicas a fim de disciplinar o processo de revalidação de diplomas de graduação expedidos por estabelecimentos estrangeiros de ensino superior, não havendo qualquer ilegalidade na determinação de processo seletivo para a revalidação do diploma, porquanto decorre da necessidade de adequação dos procedimentos da instituição de ensino para o cumprimento da norma, uma vez que de outro modo não teria a universidade condições para verificar a capacidade técnica do profissional e sua formação, sem prejuízo da responsabilidade social que envolve o ato (REsp 1349445/SP, Rel. Ministro MAURO CAMPBELL MARQUES, PRIMEIRA SEÇÃO, julgado em 08/05/2013, DJe 14/05/2013).

13. Vale lembrar o enunciado da Súmula Vinculante n.º 12: "A cobrança de taxa de matrícula nas universidades públicas viola o disposto no art. 206, IV, da Constituição Federal". Os casos que levaram o STF a editar a súmula são situações em que o pagamento de matrícula estaria vinculado ao ingresso em cursos de graduação das universidades. Assim, permanece em aberto a discussão sobre a (in)constitucionalidade da cobrança de mensalidades em cursos de especialização.

nal, sendo objeto de formatação e execução de várias políticas públicas. A importância desses temas se mostra, sobretudo, no fato de a Constituição ter-lhes reservado capítulos específicos. É tamanha, pois, a relevância destes temas para o crescimento social e econômico do país. De outra parte, a vastidão desses temas constitui um importante complicador para a atuação jurídica, não só pela variedade de situações e conflitos que daí decorrem, mas sobretudo porque não se trata de matérias corriqueiras, do dia a dia da Procuradoria. Nesse sentido, tem-se que para bem atuar com tais matérias, é indispensável que o Procurador Federal procure conhecer, previamente, o foco da política pública que está a demandar a sua atuação, conhecimento fundamental tanto para uma correta interpretação da legislação a ser aplicada ao caso concreto quanto para o sucesso da atuação da Procuradoria.

PREVIDÊNCIA E ASSISTÊNCIA SOCIAL

O Instituto Nacional do Seguro Social (INSS) é a Autarquia envolvida em maior número de litígios, comumente, figurando no polo passivo da relação jurídica processual. Sem sombra de dúvida, é a maior demanda da PGF em volume de trabalho. Isso se deve mais à amplitude e à capilaridade da Autarquia do que à sua suposta "incapacidade de resolução administrativa dos conflitos".

Embora as regiões do país apresentem diferentes realidades e concentrem com maior ou menor grau lides de determinada espécie, o Procurador Federal precisa ter ampla noção das especificidades, semelhanças e diferenças, bem como dos requisitos de todas as espécies de benefícios previdenciários, acidentários e assistenciais para que a defesa dos interesses da Autarquia seja profícua. Cito, por exemplo, os pleitos de concessão de benefícios destinados à população rural – considerando a grande quantidade de litígios judiciais envolvendo tal espécie de benefício, em especial, em decorrência do parco conteúdo probatório de que dispõem os requerentes; os de concessão ou restabelecimento de benefícios por incapacidade e/ou assistencial de prestação continuada, o chamado "LOAS", por estar previsto na Lei Orgânica da Assistência Social (Lei n.º 8.742/1993); e os revisionais, em que o segurado busca alteração do valor do seu benefício, seja desde a data de início (revisão da renda mensal inicial), seja a partir de um determinado evento (por exemplo, um reajuste concedido em certo ano).

Recentemente, alguns entendimentos jurisprudenciais fixados pelos Tribunais Superiores, analisando questões controvertidas em matéria previdenciária, causaram impacto direto na atuação da PGF em juízo.

O STF[14], em regime de repercussão geral, – seguido pelo STJ[15], – fixou entendimento no sentido de que, em regra, a concessão de benefícios previdenciários depende de requerimento do interessado, não se caracterizando ameaça ou lesão a direito antes de sua apreciação e indeferimento pelo INSS, ou se excedido o prazo legal para sua análise. Para o Pretório Excelso, a exigência de prévio requerimento não se confunde com o exaurimento das vias administrativas. Há três hipóteses excepcionais em que o interessado pode pleitear judicialmente a concessão de benefício previdenciário: (1) o interessado requereu administrativamente o benefício, mas este foi negado pelo INSS (total ou parcialmente); (2) o interessado requereu administrativamente o benefício, mas o INSS não deu uma decisão em um prazo máximo de 45 dias; (3) o interessado não requereu administrativamente o benefício, mas é notório que,

---

14. RE 631240, Relator(a): Min. ROBERTO BARROSO, Tribunal Pleno, julgado em 03/09/2014, ACÓRDÃO ELETRÔNICO REPERCUSSÃO GERAL – MÉRITO DJe-220 DIVULG 07-11-2014 PUBLIC 10-11-2014

15. REsp 1369834/SP, Rel. Ministro BENEDITO GONÇALVES, PRIMEIRA SEÇÃO, julgado em 24/09/2014, DJe 02/12/2014

sobre esse tema, o INSS tem posição contrária ao pedido feito pelo segurado.

O Ministro Relator, Luís Roberto Barroso, estabeleceu uma fórmula de transição para lidar com as ações em curso. Quanto às ações ajuizadas até a conclusão do julgamento (03.09.2014), sem que tenha havido prévio requerimento administrativo nas hipóteses em que exigível, será observado o seguinte: (i) caso a ação tenha sido ajuizada no âmbito de Juizado Itinerante, a ausência de anterior pedido administrativo não deverá implicar a extinção do feito; (ii) caso o INSS já tenha apresentado contestação de mérito, está caracterizado o interesse em agir pela resistência à pretensão; (iii) as demais ações que não se enquadrem nos itens (i) e (ii) ficarão sobrestadas, observando-se a sistemática a seguir. Nas ações sobrestadas, o autor será intimado a dar entrada no pedido administrativo em 30 dias, sob pena de extinção do processo. Comprovada a postulação administrativa, o INSS será intimado a se manifestar acerca do pedido em até 90 dias, prazo dentro do qual a Autarquia deverá colher todas as provas eventualmente necessárias e proferir decisão. Se o pedido for acolhido administrativamente ou não puder ter o seu mérito analisado devido a razões imputáveis ao próprio requerente, extingue-se a ação. Do contrário, estará caracterizado o interesse em agir e o feito deverá prosseguir. Em todos os casos acima – itens (i), (ii) e (iii) –, tanto a análise administrativa quanto a judicial deverão levar em conta a data do início da ação como data de entrada do requerimento, para todos os efeitos legais.

Em outro julgado submetido ao regime de repercussão geral, o STF[16] decidiu que *o direito à aposentadoria especial pressupõe a efetiva exposição do trabalhador a agente nocivo à sua saú-*

---

16. ARE 664335, Relator(a): Min. LUIZ FUX, Tribunal Pleno, julgado em 04/12/2014, ACÓRDÃO ELETRÔNICO REPERCUSSÃO GERAL – MÉRITO DJe-029 DIVULG 11-02-2015 PUBLIC 12-02-2015

de. O trabalhador não terá direito à concessão da aposentadoria especial, caso o Equipamento de Proteção Individual (EPI) seja realmente capaz de neutralizar a nocividade. Por outro lado, *na hipótese de exposição do trabalhador a ruído acima dos limites legais de tolerância, a declaração do empregador no âmbito do Perfil Profissiográfico Previdenciário (PPP), no sentido da eficácia do Equipamento de Proteção Individual (EPI), não descaracteriza o tempo de serviço especial para a aposentadoria.*

Com bastante frequência, por se estar diante de demanda de caráter alimentar – no mais dos casos – são concedidos provimentos de urgência em face do INSS, em especial a antecipação dos efeitos da tutela. A este propósito, muito já se discutiu quanto ao seu cabimento frente a regra do reexame necessário e pela necessária submissão à regra do precatório. Especificamente nos casos de demandas versando sobre benefícios previdenciários e a possibilidade de antecipação dos efeitos da tutela, vale lembrar que o tema já se encontra pacificado por conta do enunciado de Súmula n.º 729 do STF ao dispor que *"a decisão na ADC-4*[17] *não se aplica à antecipação de tutela em causa de natureza previdenciária".*

---

17. AÇÃO DECLARATÓRIA DE CONSTITUCIONALIDADE – PROCESSO OBJETIVO DE CONTROLE NORMATIVO ABSTRATO – NATUREZA DÚPLICE DESSE INSTRUMENTO DE FISCALIZAÇÃO CONCENTRADA DE CONSTITUCIONALIDADE – POSSIBILIDADE JURÍDICO-PROCESSUAL DE CONCESSÃO DE MEDIDA CAUTELAR EM SEDE DE AÇÃO DECLARATÓRIA DE CONSTITUCIONALIDADE – INERÊNCIA DO PODER GERAL DE CAUTELA EM RELAÇÃO À ATIVIDADE JURISDICIONAL – CARÁTER INSTRUMENTAL DO PROVIMENTO CAUTELAR CUJA FUNÇÃO BÁSICA CONSISTE EM CONFERIR UTILIDADE E ASSEGURAR EFETIVIDADE AO JULGAMENTO FINAL A SER ULTERIORMENTE PROFERIDO NO PROCESSO DE CONTROLE NORMATIVO ABSTRATO – IMPORTÂNCIA DO CONTROLE JURISDICIONAL DA RAZOABILIDADE DAS LEIS RESTRITIVAS DO PODER CAUTELAR DEFERIDO AOS JUÍZES E TRIBUNAIS – INOCORRÊNCIA DE QUALQUER OFENSA, POR PARTE DA LEI Nº 9.494/97 (ART. 1º), AOS POSTULADOS DA PROPORCIONALIDADE E DA RAZOABILIDADE – LEGITIMIDADE DAS RESTRIÇÕES ESTABELECIDAS EM REFERIDA NORMA LEGAL E JUSTIFICADAS POR RAZÕES DE INTERESSE PÚBLICO – AUSÊNCIA DE VULNE-

O STJ[18], revendo seu posicionamento jurisprudencial, decidiu que o segurado da Previdência Social tem o dever de devolver o valor de benefício previdenciário recebido em antecipação dos efeitos da tutela que tenha sido posteriormente revogada. Segundo o Tribunal da Cidadania, não é suficiente que a verba recebida tenha caráter alimentar, sendo necessário que o titular do direito precário o tenha recebido com boa-fé, que consiste na presunção da definitividade do pagamento. Nesse sentido, o autor da ação, na qual lhe seja deferida a antecipação da tutela, possui boa-fé subjetiva, considerando que recebe os benefícios por conta de uma decisão judicial, havendo legitimidade jurídica para o recebimento dos respectivos valores. Por outro lado, falta-lhe boa-fé objetiva, tendo em vista que é titular de um direito precário e, assim, não pode supor que a quantia recebida foi incorporada em seu patrimônio de forma irreversível. Essa devolução, contudo, não pode comprometer o sustento do indivíduo, em atenção ao princípio da dignidade da pessoa humana. Cabe ao INSS promover a execução da sentença declaratória negativa do direito do autor ao recebimento do benefício; O *quantum debeatur*, liquidado e incontroverso,

---

RAÇÃO À PLENITUDE DA JURISDIÇÃO E À CLÁUSULA DE PROTEÇÃO JUDICIAL EFETIVA – GARANTIA DE PLENO ACESSO À JURISDIÇÃO DO ESTADO NÃO COMPROMETIDA PELA CLÁUSULA RESTRITIVA INSCRITA NO PRECEITO LEGAL DISCIPLINADOR DA TUTELA ANTECIPATÓRIA EM PROCESSOS CONTRA A FAZENDA PÚBLICA – OUTORGA DE DEFINITIVIDADE AO PROVIMENTO CAUTELAR QUE SE DEFERIU, LIMINARMENTE, NA PRESENTE CAUSA – AÇÃO DECLARATÓRIA DE CONSTITUCIONALIDADE JULGADA PROCEDENTE PARA CONFIRMAR, COM EFEITO VINCULANTE E EFICÁCIA GERAL E "EX TUNC", A INTEIRA VALIDADE JURÍDICO-CONSTITUCIONAL DO ART. 1º DA LEI 9.494, DE 10/09/1997, QUE "DISCIPLINA A APLICAÇÃO DA TUTELA ANTECIPADA CONTRA A FAZENDA PÚBLICA". (ADC 4, Relator(a): Min. SYDNEY SANCHES, Relator(a) p/ Acórdão: Min. CELSO DE MELLO, Tribunal Pleno, julgado em 01/10/2008, DJe-213 DIVULG 29-10-2014 PUBLIC 30-10-2014 EMENT VOL-02754-01 PP-00001)

18. REsp 1384418/SC, Rel. Ministro HERMAN BENJAMIN, PRIMEIRA SEÇÃO, julgado em 12/06/2013, DJe 30/08/2013

pode ser desconto em folha em até 10% da remuneração dos benefícios previdenciários até a satisfação do crédito.

Posteriormente, o STJ reforçou tal entendimento em julgado submetido à sistemática de recursos repetitivos[19], com fundamento de que o instituto da antecipação dos efeitos da tutela tem como pressuposto básico a reversibilidade da decisão judicial. Havendo perigo de irreversibilidade, não há tutela antecipada. Por isso, quando o juiz antecipa a tutela, está anunciando que sua decisão não é irreversível. Caso a demanda venha a ser mal sucedida, o autor responde pelo que recebeu indevidamente. Não há que se falar que ele confiou no juiz, o que ignora o fato de que a parte, no processo, está representada por advogado, o qual sabe que a antecipação de tutela tem natureza precária. Além disso, um dos princípios gerais do direito é o de que não pode haver enriquecimento sem causa.

Por outro lado, *"os valores que foram pagos pelo INSS aos segurados por força de decisão judicial transitada em julgado, a qual, posteriormente, vem a ser rescindida, não são passíveis de devolução"* (AR 3.926/RS, Rel. Ministro MARCO AURÉLIO BELLIZZE, TERCEIRA SEÇÃO, julgado em 11/09/2013, DJe 18/09/2013).

Ocorre que, segundo entendimento do STJ, em julgamento submetido à sistemática de recurso repetitivo[20], a inscrição em dívida ativa de valor decorrente de ilícito extracontratual deve ser fundamentada em dispositivo legal específico que a autorize expressamente. Nas leis próprias do INSS (Lei 8.212/1991 e Lei 8.213/1991), não há dispositivo legal semelhante ao disposto

---

19. REsp 1401560/MT, Rel. Ministro SÉRGIO KUKINA, Rel. p/ Acórdão Ministro ARI PARGENDLER, PRIMEIRA SEÇÃO, julgado em 12/02/2014, DJe 13/10/2015

20. REsp 1350804/PR, Rel. Ministro MAURO CAMPBELL MARQUES, PRIMEIRA SEÇÃO, julgado em 12/06/2013, DJe 28/06/2013

no parágrafo único do art. 47 da Lei n.º 8.112/1990[21] – o qual prevê a inscrição em dívida ativa de valores não pagos pelo servidor público federal que tiver sido demitido, exonerado ou tiver sua aposentadoria ou disponibilidade cassada. Os benefícios previdenciários indevidamente recebidos, qualificados como enriquecimento ilícito, não se enquadram no conceito de crédito tributário ou não tributário previsto no art. 39, § 2º, da Lei n.º 4.320/1964[22], a justificar sua inscrição em dívida ativa. A forma para o INSS reaver o valor recebido a maior pelo beneficiário, além do desconto em folha acima referido, que encontra prevista no art. 115, II, e §1º, da Lei n.º 8.213/1991[23], é o ajuizamento de ação ordinária de cobrança, e não mais da execução fiscal.

O STJ, em julgado submetido à sistemática de recursos repetitivos[24], afastou a possibilidade de concessão de benefício

---

21. *"Art. 47. O servidor em débito com o erário, que for demitido, exonerado ou que tiver sua aposentadoria ou disponibilidade cassada, terá o prazo de sessenta dias para quitar o débito. Parágrafo único. A não quitação do débito no prazo previsto implicará sua inscrição em dívida ativa."*

22. *"Art. 39. (...). § 2º – Dívida Ativa Tributária é o crédito da Fazenda Pública dessa natureza, proveniente de obrigação legal relativa a tributos e respectivos adicionais e multas, e Dívida Ativa não Tributária são os demais créditos da Fazenda Pública, tais como os provenientes de empréstimos compulsórios, contribuições estabelecidas em lei, multa de qualquer origem ou natureza, exceto as tributárias, foros, laudêmios, alugueis ou taxas de ocupação, custas processuais, preços de serviços prestados por estabelecimentos públicos, indenizações, reposições, restituições, alcances dos responsáveis definitivamente julgados, bem assim os créditos decorrentes de obrigações em moeda estrangeira, de subrogação de hipoteca, fiança, aval ou outra garantia, de contratos em geral ou de outras obrigações legais."*

23. *"Art. 115. Podem ser descontados dos benefícios: (...); II – pagamento de benefício além do devido; (...). § 1º Na hipótese do inciso II, o desconto será feito em parcelas, conforme dispuser o regulamento, salvo má-fé. § 2º Na hipótese dos incisos II e VI, haverá prevalência do desconto do inciso II."*

24. REsp 1369832/SP, Rel. Ministro ARNALDO ESTEVES LIMA, PRIMEIRA SEÇÃO, julgado em 12/06/2013, DJe 07/08/2013

de pensão por morte ao filho maior de 21 anos, ainda que esteja cursando o ensino superior, ressalvadas as hipóteses de invalidez ou deficiência mental ou intelectual previstas no art. 16, I, da Lei n.º 8.213/1991[25].

A existência da fungibilidade dos benefícios previdenciários já foi declarada pelo STJ, de modo que o juiz pode conceder ao autor benefício diverso do requerido na inicial, desde que preenchidos os requisitos legais atinentes ao benefício concedido, sem que isso seja considerado como decisão *extra petita* ou *ultra petita*, tendo em vista os fins sociais das normas previdenciárias, bem como a hipossuficiência do segurado (AgRg no REsp 1367825/RS, Rel. Ministro HUMBERTO MARTINS, SEGUNDA TURMA, julgado em 18/04/2013, DJe 29/04/2013). Em contrapartida, o Tribunal, em remessa necessária, inexistindo recurso do segurado, não pode determinar a concessão de benefício previdenciário que entenda mais vantajoso ao segurado, sob pena de configurar *reformatio in pejus* (REsp 1379494/MG, Rel. Ministro SÉRGIO KUKINA, PRIMEIRA TURMA, julgado em 06/06/2013, DJe 12/06/2013). Isso porque é defeso agravar a situação da Fazenda Pública em sede de remessa oficial, incidindo, no caso, o óbice da Súmula n.º 45 do STJ ("*No reexame necessário é defeso, ao Tribunal, agravar a condenação imposta à Fazenda Pública*").

Uma demanda que virou "moda" no contencioso previdenciário foi o requerimento para extensão do adicional de 25% previsto no art. art. 45 da Lei n.º 8.213/1991[26], especificamente

---

25. "*Art. 16. São beneficiários do Regime Geral de Previdência Social, na condição de dependentes do segurado: I – o cônjuge, a companheira, o companheiro e o filho não emancipado, de qualquer condição, menor de 21 (vinte e um) anos ou inválido ou que tenha deficiência intelectual ou mental ou deficiência grave; (Redação dada pela Lei nº 13.146, de 2015)*"

26. "*Art. 45. O valor da aposentadoria por invalidez do segurado que necessitar da assistência permanente de outra pessoa será acrescido de 25% (vinte e*

para o benefício de aposentadoria por invalidez, a outro benefício. A Primeira Turma do STJ[27] fixou o entendimento no sentido de que o segurado já aposentado por tempo de serviço e/ou por contribuição que foi posteriormente acometido de invalidez que exija assistência permanente de outra pessoa não tem direito ao acréscimo de 25% sobre o valor do benefício que o aposentado por invalidez faz jus em razão de necessitar dessa assistência. O legislador apenas previu o referido acréscimo à aposentadoria por invalidez, e não a outra espécie de benefício previdenciário.

Por fim, ressalto que está pendente de pacificação a controvérsia sobre a possibilidade de desaposentação[28] de benefícios do Regime Geral de Previdência Social (RGPS). O INSS, dentre outros argumentos, em síntese, sustenta que a desaposentação não possui previsão legal expressa. Ao contrário, seria vedado pelo art. 18, § 2º, da Lei n.º 8.213/1991[29] e pelo art. 181-B do Decreto n.º 3.048/1999[30]. Assim, formulado tal

---

cinco por cento). Parágrafo único. O acréscimo de que trata este artigo: a) será devido ainda que o valor da aposentadoria atinja o limite máximo legal; b) será recalculado quando o benefício que lhe deu origem for reajustado; c) cessará com a morte do aposentado, não sendo incorporável ao valor da pensão."

27. REsp 1533402/SC, Rel. Ministro SÉRGIO KUKINA, PRIMEIRA TURMA, julgado em 01/09/2015, DJe 14/09/2015.

28. A desaposentação consiste no ato do segurado renunciar a aposentadoria que recebe, objetivando a concessão de novo benefício mais vantajoso da mesma natureza (reaposentação), no mesmo regime previdenciário ou em outro.

29. *"Art. 18. (...). § 2º O aposentado pelo Regime Geral de Previdência Social–RGPS que permanecer em atividade sujeita a este Regime, ou a ele retornar, não fará jus a prestação alguma da Previdência Social em decorrência do exercício dessa atividade, exceto ao salário-família e à reabilitação profissional, quando empregado."*

30. *"Art. 181-B. As aposentadorias por idade, tempo de contribuição e especial concedidas pela previdência social, na forma deste Regulamento, são irreversíveis e irrenunciáveis. Parágrafo único. O segurado pode desistir do seu pedido de aposentadoria desde que manifeste esta intenção e requeira o*

pedido, em sede administrativa, certamente, será negado. O relator do RE 381367/RS, Ministro Marco Aurélio, votou pelo reconhecimento do direito dos aposentados autores do recurso, em setembro de 2010. Em seu entendimento, da mesma forma que o trabalhador aposentado que retorna à atividade tem o ônus de contribuir, a previdência social tem o dever de, em contrapartida, assegurar-lhe os benefícios próprios, levando em consideração as novas contribuições feitas. Na sessão de 9 de outubro de 2014, o Ministro Luís Roberto Barroso, relator do RE 661256/SC (em regime de repercussão geral) e RE 827833/SC, considerou válida a desaposentação, sob o argumento de que a legislação é omissa em relação ao tema, não havendo qualquer proibição expressa a que um aposentado do RGPS que tenha continuado a trabalhar pleiteie novo benefício. Propôs ainda que, como não há norma legal sobre o assunto, a orientação passe a ser aplicada somente 180 dias após publicação do acórdão do Supremo, com o objetivo de possibilitar que os Poderes Legislativo e Executivo, se o desejarem, tenham a possibilidade de regulamentar a matéria. Na sessão de 29/10/2014, votaram os Ministros Dias Toffoli e Teori Zavascki, ambos entendendo que a legislação não assegura o direito ao recálculo do benefício com base nas contribuições dos aposentados que continuaram no mercado de trabalho. Dos 11 ministros do STF, Luís Roberto Barroso e Marco Aurélio votaram a favor da desaposentação. Já Dias Toffoli e Teori Zavascki, contrários. O julgamento foi suspenso, porém, porque a ministra Rosa Weber pediu vista, ou seja, mais tempo para analisar o tema.

No ano de 2015, significativas alterações na Lei n.º 8.213/1991 também impactaram na atuação da PGF em juízo.

---

arquivamento definitivo do pedido antes da ocorrência do primeiro de um dos seguintes atos: I – recebimento do primeiro pagamento do benefício; ou II – saque do respectivo Fundo de Garantia do Tempo de Serviço ou do Programa de Integração Social."

A Lei n.º 13.135/2015 mexeu com as estruturas dos Planos de Benefícios da Previdência Social, notadamente em relação ao de pensão por morte, o que pode ser considerada uma minirreforma previdenciária. A Lei n.º 13.183/2015, por sua vez, dentre outras providências, estabeleceu regras de não incidência do fator previdenciário para o benefício de aposentadoria por tempo de contribuição[31].

Destaco, ainda, dois procedimentos processuais extremamente exitosos no âmbito do contencioso previdenciário: a perícia invertida em demandas de benefícios por incapacidade e a execução invertida.

Tratando-se de demanda judicial que tiver como objeto benefícios previdenciários/acidentários/assistenciais decorrentes de incapacidade, em relação aos quais se fará necessária realização de perícia técnica, ordinariamente essa é designada após a contestação do réu, na fase de instrução processual. Ocorre que a contenda nos casos em exame diz respeito, unicamente, à incapacidade, sendo que antes de sua conclusão, nada há que se discutir.

Dessa forma, por razões práticas, em boa parte desses casos, invertendo a lógica do procedimento previsto pelo Código de Processo Civil, a citação do réu e sua oportunidade de defesa são postergadas para momento seguinte à apresentação das conclusões da perícia em juízo, oportunidade na qual o réu, agora com subsídios, poderá melhor se pronunciar sobre a questão, inclusive oferecer uma proposta de transação, a depender das razões expostas pelo perito e das demais peculiaridades do caso concreto.

---

31. A Lei n.º 13.183/2015 não aboliu o fator previdenciário, que continua sendo aplicado para quem quiser se aposentar por tempo de contribuição, mais jovem, sem o benefício integral. De acordo com a nova fórmula, para conseguir 100% do benefício, é preciso atingir uma pontuação mínima, resultante da soma entre idade e tempo de contribuição, mais um valor que depende do ano da aposentadoria, na forma do art. 29-C da Lei n.º 8.213/1991.

A chamada "execução invertida", por sua vez, é um procedimento convencionado via acordos de cooperação verbais em que a Fazenda Pública elabora e apresenta espontaneamente os cálculos em juízo, incumbência que seria do autor/exequente – e não do réu/executado –, e somente cogitando-se a oposição de embargos à execução, na forma do art. 730 do CPC/1973, nos casos em que o autor/exequente manifestar sua discordância. Esse procedimento tende a ser mantido com atual sistemática processual de cumprimento de sentença que reconhece a exigibilidade de obrigação de pagar quantia certa pela Fazenda Pública do Novo Código de Processo Civil (Lei n.º 13.105/2015), que, no *caput* do art. 535, prevê, em vez de embargos, impugnação à execução[32]. Reforço que essa prática inaugurada pelo INSS visando melhor atender aos interesses de seus segurados, dependentes e beneficiários que se valem do Poder Judiciário para ver atendido seu suposto direito, tem nítido caráter colaborativo, em prol de um melhor e menos custoso processo judicial, não podendo, pois, se transmudar em sucedâneo de imposição, inclusive com imposição de multa ao réu, na hipótese de inexistirem meios para a elaboração e apresentação dos cálculos, pois devemos ter em mente que a apresentação de cálculos pelo réu/executado, em lugar do autor/exequente, é uma benesse, e não um dever.

---

32. No procedimento de cumprimento de sentença que reconhece a exigibilidade de obrigação de pagar quantia certa pela Fazenda Pública, o Novo Código de Processo Civil (Lei n.º 13.105/2015) atribui ao exequente a incumbência de apresentar o cálculo do valor devido (*"Art. 534. No cumprimento de sentença que impuser à Fazenda Pública o dever de pagar quantia certa, o exequente apresentará demonstrativo discriminado e atualizado do crédito contendo:"*); e à Fazenda Pública a faculdade de impugnar a execução (*"Art. 535. A Fazenda Pública será intimada na pessoa de seu representante judicial, por carga, remessa ou meio eletrônico, para, querendo, no prazo de 30 (trinta) dias e nos próprios autos, impugnar a execução, podendo arguir:"*).

Em que pese a maior frequência jurisprudencial ser no sentido da interposição de demandas em face do INSS, ou seja, a Autarquia como demandada, diuturnamente as ações interpostas pelo INSS são cada vez mais comuns, o que demonstra uma postura proativa dos seus dirigentes, e especialmente da Advocacia-Geral da União, em sentido amplo, que não mais se quedam inertes diante de prejuízos e afrontas a seu patrimônio – material e imaterial. Nesse cenário se inserem as questões afetas à cobrança da dívida ativa não tributária, às ações regressivas movidas em face daqueles que, por dolo ou culpa, lhe causaram prejuízos, as ações de cobrança[33] decorrentes do recebimento indevido de benefícios por erro administrativo ou por má-fé dos segurados e, por fim, as demandas versando à proteção ao seu nome e imagem.

Considerando os novos anseios sociais, aliado à necessidade por justiça célere e efetiva – especialmente por se estar diante, no mais das vezes, de direitos sociais – a Advocacia-Geral da União, especialmente a Procuradoria-Geral Federal, está reinventando sua atuação, em juízo ou fora dele, de sorte a se tutelar o efetivo direito daqueles que realmente demonstram essa condição, seja pela realização de acordos judiciais, seja pela não interposição de recursos, ou mesmo desistência daqueles já interpostos.

SERVIDOR PÚBLICO E PESSOAL

Parte das demandas que envolvem a temática de servidor público e pessoal tratam das chamadas gratificações de desempenho (GD).

---

33. Os créditos do INSS decorrentes do recebimento indevido de benefícios por erro administrativo ou por má-fé dos segurados, que antes eram objeto de inscrição em dívida ativa e posterior cobrança pela ação de execução fiscal, regida pela Lei n.º 6.830/1980, devem a partir da decisão proferida no REsp 1350804/PR, ser objeto de ação de cobrança.

Em observância ao princípio da eficiência, o Poder Executivo passou a adotar uma medida remuneratória que visa incentivar os servidores a melhorarem seu desempenho. Algumas carreiras têm uma parcela de seus vencimentos atrelada a índices de desempenho. Essas gratificações, em sua maioria, levam em conta a atuação individual e coletiva e são aferidas mediante pontuação e por ciclos, que podem ser quadrimestrais, semestrais etc. Partindo do pressuposto que não é possível aferir a produtividade ou o desempenho do inativo, a maioria das gratificações traz um dispositivo diferenciado para eles.

O STF já firmou posição de que é possível haver diferenciação em decorrência da natureza da gratificação, que se for *"pro labore faciendo* é óbvio que aos inativos somente será devida parcela fixa concedida a todos, porquanto os demais dependem de avaliação dos servidores em atividade, que, além disso, não têm garantias do *quantum* lhes será permitido levar para a inatividade" (RE 476279, Rel. Min. SEPÚLVEDA PERTENCE, Tribunal Pleno, jul. 19/04/2007, DJe-037 Public 15-06-2007 DJ 15-06-2007).

O problema se dá quando a lei institui uma gratificação e estipula que caberá a outro ato normativo (decreto e/ou portaria) regulamentá-la. Se não houver regulamentação estabelecendo os critérios para aferir o desempenho ou se o servidor não estiver sendo efetivamente avaliado, o Judiciário entende que a gratificação passa a ter caráter geral e, portanto, é extensível aos inativos nos mesmos valores em que é paga aos ativos, criando-se um direito à equiparação e cobrança de eventuais diferenças pretéritas.

A Gratificação de Desempenho de Atividade da Seguridade Social e do Trabalho (GDASST), por exemplo, terá como limite máximo de 100 (cem) pontos e o mínimo de 30 (trinta) pontos por servidor (art. 5º da Lei nº 10.483/2002 alterado pela Lei nº 12.702/2012), correspondendo cada ponto aos valores estabelecidos no anexo V da Lei nº 10.483/2002 (alterado pela Lei nº 12.778, de 2012). A partir de 1º de maio de 2004 e até que seja editado o ato referido no artigo 6º da Lei nº 10.483, de 2002, a GDASST será paga aos servidores ativos que a ela fazem jus no valor equivalente a 60 (sessenta) pontos. Quanto aos aposentados e pensionistas, o art. 7º da Lei nº 10.971, de 25 de novembro de 2004, estipulou que fariam jus a 30 (trinta) pontos para fins de cômputo da GDASST. A AGU editou Instrução Normativa autorizando a não interposição de recursos e a desistência daqueles interpostos nas ações judiciais que têm por objeto as Gratificações de Desempenho, sobretudo porque há posicionamentos consolidados em Súmulas Vinculantes, tais como as de n.º 20[34] e 34[35].

No mesmo sentido, o reajuste de 28,86% reajuste de 28,86% concedido aos servidores militares pelas Leis nº 8.622 e nº 8.627 de 1993 que o STF entendeu ter caráter geral e ser extensível a todos os servidores civis do Poder Executivo, observadas as eventuais compensações decorrentes dos reajustes diferenciados concedidos pelos mesmos diplomas legais. Entendimento esse consolidado na Súmula Vinculante n.º 51[36].

---

34. "A Gratificação de Desempenho de Atividade Técnico-Administrativa – GDATA, instituída pela Lei nº 10.404/2002, deve ser deferida aos inativos nos valores correspondentes a 37,5 (trinta e sete vírgula cinco) pontos no período de fevereiro a maio de 2002 e, nos termos do artigo 5º, parágrafo único, da Lei nº 10.404/2002, no período de junho de 2002 até a conclusão dos efeitos do último ciclo de avaliação a que se refere o artigo 1º da Medida Provisória no 198/2004, a partir da qual passa a ser de 60 (sessenta) pontos."

35. "A Gratificação de Desempenho de Atividade de Seguridade Social e do Trabalho – GDASST, instituída pela Lei 10.483/2002, deve ser estendida aos inativos no valor correspondente a 60 (sessenta) pontos, desde o advento da Medida Provisória 198/2004, convertida na Lei 10.971/2004, quando tais inativos façam jus à paridade constitucional (EC 20/1998, 41/2003 e 47/2005)."

36. "O reajuste de 28,86%, concedido aos servidores militares pelas Leis

Outro tema de relevo, no âmbito trabalhista, diz respeito à responsabilidade subsidiária da Administração Pública em caso de terceirização. Em 24.11.2010, no julgamento da ADC n. 16, o STF declarou a constitucionalidade do artigo 71, § 1º, da Lei n.º 8.666/1993. Porém, admitiu a possibilidade de condenação subsidiária da Administração Pública nos casos em que efetivamente comprovados sua atuação culposa e o nexo de causalidade entre sua atuação e o dano. A culpa resultaria da falha no processo de contratação (*culpa in eligendo*) ou falha na fiscalização durante a execução do contrato (*culpa in vigilando*).

Assim, tendo em vista o efeito vinculante da referida decisão, a Súmula n.º 331 do TST, item IV, foi revisada e assim passou a vigorar:

> *"IV – O inadimplemento das obrigações trabalhistas, por parte do empregador, implica a responsabilidade subsidiária do tomador de serviços quanto àquelas obrigações, desde que haja participado da relação processual e conste também do título executivo judicial".*

Ademais, acrescentou-se o item V à citada súmula, que dispõe o seguinte:

> *"V – Os entes integrantes da administração pública direta e indireta respondem subsidiariamente, nas mesmas condições do item IV, caso evidenciada a sua conduta culposa no cumprimento das obrigações da Lei nº 8.666/93, especialmente na fiscalização do cumprimento das obrigações contratuais e legais da prestadora de serviço como empregadora. A aludida responsabilidade não decorre de mero inadimplemento das obrigações trabalhistas assumidas pela empresa regularmente contratada" (Grifou-se).*

8622/1993 e 8627/1993, estende-se aos servidores civis do poder executivo, observadas as eventuais compensações decorrentes dos reajustes diferenciados concedidos pelos mesmos diplomas legais."

Nessa perspectiva, a responsabilização subsidiária da Administração Pública passou a ser subjetiva, dependendo de prova inequívoca de sua conduta omissiva na fiscalização do contrato administrativo firmado com a empresa que prestou o serviço. Para a defesa das Entidades Públicas, é fundamental que o Procurador oficiante junte aos autos os documentos que comprovem a efetiva regularidade da contratação (observância do art. 37, XXI, CF) e da fiscalização do contrato administrativo por parte da Administração Pública, mesmo porque, não raras vezes, os Juízos Trabalhistas têm determinado a inversão do ônus da prova, cabendo, assim, às Entidades Públicas demonstrarem a ausência de culpa em sua atuação.

Atuando no polo ativo, o Procurador Federal tem pela frente as ações de ressarcimento ao erário em matéria de servidor e pessoal. Assim é que, na esfera administrativa, a Lei n° 8.112/1990 cuidou do tema restituição de valores recebidos indevidamente por servidores públicos, assim dispondo em seu artigo 46:

> *"Art. 46. As reposições e indenizações ao erário, atualizadas até 30 de junho de 1994, serão previamente comunicadas ao servidor ativo, aposentado ou ao pensionista, para pagamento, no prazo máximo de trinta dias, podendo ser parceladas, a pedido do interessado.*
>
> § 1° O valor de cada parcela não poderá ser inferior ao correspondente a dez por cento da remuneração, provento ou pensão.
>
> § 2° Quando o pagamento indevido houver ocorrido no mês anterior ao do processamento da folha, a reposição será feita imediatamente, em uma única parcela.
>
> § 3° Na hipótese de valores recebidos em decorrência de cumprimento a decisão liminar, a tutela antecipada ou a sentença que venha a ser revogada ou rescindida, serão eles atualizados até a data da *reposição."*

Tem-se como regra, portanto, uma obrigação imposta ao servidor, de restituir aquilo que recebeu indevidamente da

Administração. Tal orientação, contudo, comporta exceções, que advém da interpretação das regras e princípios jurídicos que compõem o quadro normativo que envolve a temática, que são encontradas na jurisprudência dos tribunais superiores e consignadas, inclusive, em atos normativos da Advocacia-Geral da União e do Tribunal de Contas da União. É o que se verifica nos seguintes enunciados sumulares administrativos:

> **Súmula AGU nº 34/2008:**
>
> "Não *estão sujeitos* à repetição os valores recebidos de boa-fé pelo servidor público, em decorrência de errônea ou inadequada interpretação da lei por parte da Administração Pública".

> **Súmula TCU n° 249/2007:**
>
> "É dispensada a reposição de importâncias indevidamente percebidas, de boa-fé, por servidores ativos e inativos, e pensionistas, em virtude de erro escusável de interpretação de lei por parte do órgão/entidade, ou por parte de autoridade legalmente investida em função de orientação e supervisão, à vista da presunção de legalidade do ato administrativo e do caráter alimentar das parcelas salariais."

Dessa forma, o entendimento que hoje vigora no âmbito administrativo é de que o erro de interpretação da Lei por parte da Administração consubstancia-se em hipótese na qual o servidor não pode ser compelido a devolver aquilo que recebeu indevidamente, sendo necessário que tenha efetivamente laborado no período correspondente ao pagamento. Na linha do Parecer AGU GQ-161, não se admite a possibilidade de dispensar o ressarcimento nas situações em que ocorre um "erro de fato", como, por exemplo, quando um erro de digitação acrescenta um dígito ao vencimento do servidor, ou quando há pagamento de determinada rubrica em duplicidade, ou mesmo quando o agente recebe uma gratificação que sabidamente não é devida àquela carreira a que está vinculado o cargo que ocupa. Para a devolução no âmbito administrativo, necessário a instauração de procedimento em que seja oportunizado o contraditório, segundo Orientação Normativa MPOG nº 5/2013.

O tema ressarcimento ao erário de valores recebidos indevidamente por servidor público possui variáveis que não permitem afirmar que seja possível encontrar uniformidade de entendimento jurisprudencial. Todavia, verifica-se, no âmbito dos tribunais superiores, receptividade à tese defendida pela Administração, no sentido de que o erro de interpretação da Lei – associado aos demais requisitos, tais como boa-fé e efetiva prestação do serviço – é a única hipótese que isenta o servidor de restituir aquilo que recebeu de forma indevida.

Com efeito, o Plenário do STF[37] proferiu acórdão em que restou consignado ser necessária a presença concomitante de quatro requisitos para tornar desnecessária a devolução dos valores, quais sejam: 1) presença de boa-fé do servidor; 2) ausência, por parte do servidor, de influência ou interferência para a concessão da vantagem impugnada; 3) existência de dúvida plausível sobre a interpretação, validade ou incidência da norma infringida, no momento da edição do ato que autorizou o pagamento da vantagem impugnada; 4) interpretação razoável, embora errônea, da lei pela Administração.

Por outro lado, o Pretório Excelso já decidiu que somente nos casos em que comprovada a ausência de boa-fé do servidor seria devida a restituição (MS 26.085, Rel. Min. Cármen Lúcia, Pleno, DJe 13/06/2008).

---

37. MS 25641, Relator(a): Min. EROS GRAU, Tribunal Pleno, julgado em 22/11/2007, DJe-031 DIVULG 21-02-2008 PUBLIC 22-02-2008 EMENT VOL-02308-01 PP-00193 RTJ VOL-00205-02 PP-00732. No mesmo sentido: MS 31975, Relator(a): Min. CÁRMEN LÚCIA, Segunda Turma, julgado em 10/09/2013, PROCESSO ELETRÔNICO DJe-211 DIVULG 23-10-2013 PUBLIC 24-10-2013.

O STJ, em julgado submetido à sistemática de recursos repetitivos[38], consolidou o entendimento pela impossibilidade da restituição de valores indevidamente pagos a servidores públicos nos casos em que o pagamento decorrer de errônea interpretação da lei, devendo, ainda, estar presente a boa-fé do servidor. É importante destacar que, no voto condutor do acórdão, o Ministro Relator, Ministro Benedito Gonçalves, consignou expressamente que a discussão posta restringia-se à análise da possibilidade de devolução ao erário dos valores recebidos de boa-fé pelo servidor público, quando pagos indevidamente pela Administração Pública, em função de interpretação equivocada de lei, não abrangendo, pois, o erro material.

Corroborando o entendimento administrativo, encontra-se no STJ precedentes pelo cabimento da devolução de valores indevidamente recebidos em decorrência de **erro material ou operacional** da Administração (AgRg no REsp 1257439/RS, Rel. Ministro Herman Benjamin, DJe 05.09.2011; (AgRg no REsp 1108462/SC, Rel. Ministra Laurita Vaz, DJe 03/08/2009). Ainda em favor da possibilidade de ressarcimento, o STJ admite a medida no caso de se verificar a existência de má-fé do servidor, caracterizada pela ciência de estar recebendo quantia que não lhe é devida (REsp 1.159.237/RS, Rel. Ministra MARIA THEREZA DE ASSIS MOURA, SEXTA TURMA, julgado em 11/10/2011, DJe 17/11/2011).

Por outro lado, é firme o entendimento jurisprudencial do Tribunal da Cidadania no sentido da impossibilidade de restituição de valores pagos em decorrência de decisão judicial transitada em julgado, ainda que posteriormente rescindida. Precedentes: AgRg no REsp n° 1.200.437/RJ, Rel.: Min. Humberto Martins, Segunda Turma, DJe 01/12/2010; AgRg no REsp n° 956.929/CE, Rel.: Min. Marco Aurélio Bellizze, Quinta Turma, DJe 13/03/2013. Todavia,

---

38. REsp 1244182/PB, Rel. Ministro BENEDITO GONÇALVES, PRIMEIRA SEÇÃO, julgado em 10/10/2012, DJe 19/10/2012.

a PGF aprovou Nota Técnica com o entendimento de que é devida a restituição a partir da intimação dos servidores do acórdão do tribunal que julgar a ação rescisória, pois com a ciência da decisão cessa o estado de boa-fé do servidor. Ademais, eventual recurso para tribunal superior não possui efeito suspensivo.

Por fim, cabe consignar que no âmbito das ações de pessoal que tramitam perante a Justiça Trabalhista, o TST admite o ressarcimento dos valores recebidos por força de decisão transitada em julgado posteriormente rescindida, ainda que se faça presente a boa-fé do agente público, com fundamento na vedação ao enriquecimento sem causa (RR – 7800-18.2006.5.24.0021, Rel.: Min. Delaíde Miranda Arantes, 7ª Turma, DEJT 02/03/2012; E-RR-46300-25.2006.5.13.0001, Rel. Min. Lelio Bentes Corrêa, SBDI-1, DEJT 19/11/2010; E-RR 3100-68.2001.5.10.0019, Rel.: Ministro José Roberto Freire Pimenta, SBDI-1, DEJT 28/09/2012; E-ED-RR-185540-86.1991.5.08.0003, Rel. Min. Aloysio Corrêa da Veiga, SBDI-1, DEJT 07/05/2010).

Registre-se que o TST também entende que o ressarcimento, na hipótese em questão, deve ser buscado via ação de repetição de indébito, cujo prazo prescricional é de 2 (dois) anos, ou seja, o mesmo prazo que o trabalhador tem para acionar o empregador na justiça trabalhista.

São essas as principais questões relativas à temática de Servidor Público e Pessoal, reduzidas ao mínimo indispensável à compreensão. É certo que, em sua atuação profissional, o Procurador Federal deverá aprofundar seus conhecimentos mediante pesquisa em doutrina, jurisprudência, legislação, atos normativos da AGU, etc.

DESENVOLVIMENTO AGRÁRIO E DESAPROPRIAÇÕES

O Direito Agrário é o ramo da ciência jurídica que congrega normas disciplinadoras do uso, posse e propriedade das terras rurais, visando imprimir-lhes função socialmente relevante. E, ainda, normas jurídicas destinadas a reger a exploração das terras rurais, de modo a permitir o desenvolvimento racional e adequado da agricultura, pecuária, extrativismo vegetal ou animal, e da agroindústria.

A legislação agrária, compreendida sob o enfoque teleológico ou interpretada à luz da Constituição, volta-se a atribuir uso racional e adequado às terras rurais, de forma a evitar a evitar a ociosidade, resguardar os recursos naturais e proteger as camadas hipossuficientes da população campesina. Está desautorizada qualquer interpretação que resulte por conceder as propriedades rurais função exclusivamente individual ou egoística, despreocupada dos interesses maiores da sociedade, ou seja, da função social da propriedade.

A Função Social da Propriedade é o princípio fundamental do Direito Agrário. Em síntese, o princípio significa que o exercício do direito de propriedade, que compreende as faculdades de uso, disposição, alienação e reivindicação de bens, também deve satisfazer obrigações para com a sociedade, na forma estabelecida na lei. O direito de propriedade há muito deixou de ser um mero feixe de faculdades atribuíveis ao proprietário; também importa obrigações correlatas, previstas no ordenamento jurídico. Pesa sobre ele uma hipoteca social consistente no cumprimento da função social da propriedade.

No texto da Constituição Federal de 1988, há varias disposições que, por se relacionarem ao uso, posse e propriedade das terras rurais, são próprias do Direito Agrário.

Segue a relação de preceitos:

a) desapropriação-sanção das propriedades rurais que não cumprirem sua função social[39];

---

39. Art. 184 da Constituição Federal.

b) proteção à pequena e média propriedade rural, e a propriedade produtiva cumpridora dos outros requisitos da função social da propriedade, ressalvando-as, em regra, da desapropriação sanção[40];

c) incentivo legal a propriedade rural produtiva[41];

d) função social da terra, atendida por meio de exploração econômica racional e adequada; respeito ao meio ambiente; as relações jurídicas de trabalho e em prol do bem-estar de produtores e trabalhadores[42];

e) política agrícola planejada e pactuada entre os agentes que atuam no meio rural[43];

f) política agrícola compatibilizada com a reforma agrária e a destinação das terras devolutas à reforma agrária[44];

g) valorização da propriedade e da agricultura familiar, por meio da política de reforma agrária;

h) proteção à pequena propriedade familiar contra penhora em razão de dívidas provenientes da atividade produtiva[45];

i) limitação à aquisição e ao arrendamento de terras por estrangeiros[46];

---

40. Art. 185, I e II, da Constituição Federal.

41. Art. 185, parágrafo único, da Constituição Federal.

42. Art. 186 da Constituição Federal.

43. Art. 187 da Constituição Federal.

44. Arts. 188 e 189 da Constituição Federal.

45. Art. 5º, XXVI, da Constituição Federal.

46. Art. 190 da Constituição Federal

j) usucapião *pro labore* e vedação à usucapião de terras públicas[47];

k) demarcação das terras tradicionalmente ocupadas pelas comunidades indígenas e proteção jurídica a tais comunidades[48];

l) expropriação (confisco) de imóveis utilizados para plantio de psicotrópicos ou exploração de trabalho escravo[49];

m) titulação e regularização das comunidades remanescentes de quilombos[50].

A reforma agrária, segundo o Estatuto da Terra, é o *"conjunto de medidas que visem promover a melhor distribuição da terra, mediante modificação no regime de sua posse, uso e propriedade, a fim de atender aos princípios de justiça social e ao aumento da produtividade"*[51].

Compete privativamente à União legislar sobre Direito Agrário[52] e, por conseguinte, sobre Reforma Agrária. A promoção da política de Reforma Agrária incumbe à União, por intermédio de sua Autarquia, o Instituto Nacional de Colonização e Reforma Agrária (Incra). Admite-se também a atuação dos Estados e Municípios na conjugação de esforços para realizar a reforma agrária, conforme previsão do art. 6º do Estatuto da Terra[53].

---

47. Art. 191 da Constituição Federal.

48. Art. 231 da Constituição Federal.

49. Art. 243 da Constituição Federal.

50. Art. 68 do Ato das Disposições Constitucionais Transitórias – ADCT.

51. Art. 1º, § 1º, da Lei n.º 4.505/1964.

52. Art. 22, I, da Constituição Federal.

53. *"Art. 6º A União, os Estados, o Distrito Federal e os Municípios poderão unir seus esforços e recursos, mediante acordos, convênios ou contratos para*

O julgamento das ações judiciais relativas à reforma agrária compete à Justiça Federal. Já os conflitos fundiários de caráter coletivo – normalmente ações possessórias a envolver movimentos sem-terra – são processados e julgados pela Justiça dos Estados, mais precisamente pelo órgão judiciário criado em virtude do artigo 126 da Constituição Federal[54]. A intervenção do Incra nessas demandas poderá justificar o deslocamento delas para a Justiça Federal.

É, também, importante ressaltar que o objetivo do programa de reforma agrária, em última análise, *"estabelecer um sistema de relações entre o homem, a propriedade rural e o uso da terra, capaz de promover a justiça social, o progresso e o bem-estar*

---

a solução de problemas de interesse rural, principalmente os relacionados com a aplicação da presente Lei, visando a implantação da Reforma Agrária e à unidade de critérios na execução desta. § 1º Para os efeitos da Reforma Agrária, o Instituto Nacional de Colonização e Reforma Agrária – *INCRA representará a União nos acordos, convênios ou contratos multilaterais referidos neste artigo.* § 2º A União, mediante convênio, poderá delegar aos Estados, ao Distrito Federal e aos Municípios o cadastramento, as vistorias e avaliações de propriedades rurais situadas no seu território, bem como outras atribuições relativas à execução do Programa Nacional de Reforma Agrária, observados os parâmetros e critérios estabelecidos nas leis e nos atos normativos federais. § 3º O convênio de que trata o *caput será celebrado com os Estados, com o Distrito Federal e com os Municípios que tenham instituído órgão colegiado, com a participação das organizações dos agricultores familiares e trabalhadores rurais sem terra, mantida a paridade de representação entre o poder público e a sociedade civil organizada, com a finalidade de formular propostas para a adequada implementação da política agrária.* § 4º Para a realização da vistoria e avaliação do imóvel rural para fins de reforma agrária, poderá o Estado utilizar-se de força policial. § 5º O convênio de que trata o *caput deverá prever que a União poderá utilizar servidores integrantes dos quadros de pessoal dos órgãos e das entidades da Administração Pública dos Estados, do Distrito Federal e dos Municípios, para a execução das atividades referidas neste artigo."*

54. *"Art. 126. Para dirimir conflitos fundiários, o Tribunal de Justiça proporá a criação de varas especializadas, com competência exclusiva para questões agrárias. Parágrafo único. Sempre que necessário à eficiente prestação jurisdicional, o juiz far-se-á presente no local do litígio."*

do trabalhador rural e o desenvolvimento econômico do país, com a gradual extinção do minifúndio e do latifúndio"[55].

O Estatuto da Terra[56] prevê instrumentos jurídicos voltados à obtenção de terras para reforma agrária: a) desapropriação por interesse social; b) doação de terras ao Governo; c) compra de imóveis rurais pelo Incra; d) arrecadação de bens vagos; e) reversão ao Poder Público das terras devolutas indevidamente ocupadas; f) herança ou legado.

A compra e a venda de imóveis rurais para reforma agrária, prevista no art. 17, "c", do Estatuto da Terra, está regulamentada pelo Decreto n.º 433/1992, alterado pelos Decretos nº 2.614/1998 e nº 2.680/1998. Sua principal característica é o pagamento da terra nua em títulos da dívida agrária (TDA's), à semelhança do pagamento da indenização da terra nua nas desapropriações agrárias.

Todavia, o instrumento jurídico mais largamente utilizado, na obtenção de terras para a reforma agrária, é a desapropriação por interesse social para fins reforma agrária, prevista no artigo 184 da Constituição Federal.

Há possibilidade de o imóvel, ainda que produtivo do ponto de vista economicista vir a sofrer a desapropriação-sanção nas hipóteses em que violar qualquer dos demais aspectos da função social da propriedade.

A questão que se coloca perante o intérprete consiste na aparente contradição entre o art. 184[57] (desapropriação de

---

55. Art. 16 da Lei n.º 4.504/1984.

56. Art. 17 da Lei n.º 4.504/1984.

57. *"Art. 184. Compete à União desapropriar por interesse social, para fins de reforma agrária, o imóvel rural que não esteja cumprindo sua função social, mediante prévia e justa indenização em títulos da dívida agrária, com cláusula de preservação do valor real, resgatáveis no prazo de até vinte anos, a partir do segundo ano de sua emissão, e cuja utilização será*

imóvel rural que não esteja cumprindo sua função social), o art. 186[58] (requisitos para o cumprimento da função social) e o art. 185[59] (vedação da desapropriação da propriedade produtiva). Tanto sob a óptica de possível antinomia real de normas constitucionais, quanto sob o foco da interpretação sistemática da Constituição segundo a qual o conceito de produtividade do art. 185 estaria alçado à ideia de razão humana e social, a propriedade, para não sofrer a desapropriação-sanção, deve cumprir simultaneamente, os requisitos do aproveitamento racional e adequado, da utilização adequada dos recursos naturais disponíveis e preservação do meio ambiente; de observância das disposições que regulam as relações de trabalho e de exploração que favoreça o bem-estar dos proprietários e dos trabalhadores.

O STF já abordou esse aspecto no julgamento do Mandato de Segurança – MS 22.164/SP[60] (MS 22164, Relator(a): Min.

---

definida em lei. § 1º As benfeitorias úteis e necessárias serão indenizadas em dinheiro. § 2º O decreto que declarar o imóvel como de interesse social, para fins de reforma agrária, autoriza a União a propor a ação de desapropriação. § 3º Cabe à lei complementar estabelecer procedimento contraditório especial, de rito sumário, para o processo judicial de desapropriação. § 4º O orçamento fixará anualmente o volume total de títulos da dívida agrária, assim como o montante de recursos para atender ao programa de reforma agrária no exercício. § 5º São isentas de impostos federais, estaduais e municipais as operações de transferência de imóveis desapropriados para fins de reforma agrária."

58. *"Art. 186. A função social é cumprida quando a propriedade rural atende, simultaneamente, segundo critérios e graus de exigência estabelecidos em lei, aos seguintes requisitos: I – aproveitamento racional e adequado; II – utilização adequada dos recursos naturais disponíveis e preservação do meio ambiente; III – observância das disposições que regulam as relações de trabalho; IV – exploração que favoreça o bem-estar dos proprietários e dos trabalhadores."*

59. *"Art. 185. São insuscetíveis de desapropriação para fins de reforma agrária: I – a pequena e média propriedade rural, assim definida em lei, desde que seu proprietário não possua outra; II – a propriedade produtiva."*

60. "(...). A PRÓPRIA CONSTITUIÇÃO DA REPÚBLICA, AO IMPOR AO PODER PÚ-

CELSO DE MELLO, Tribunal Pleno, julgado em 30/10/1995, DJ 17-11-1995), bem como na ADI 2213 MC/DF[61] (ADI 2213 MC, Relator(a): Min. CELSO DE MELLO, Tribunal Pleno, julgado em 04/04/2002, DJ 23-04-2004).

BLICO O DEVER DE FAZER RESPEITAR A INTEGRIDADE DO PATRIMÔNIO AMBIENTAL, NÃO O INIBE, QUANDO NECESSÁRIA A INTERVENÇÃO ESTATAL NA ESFERA DOMINIAL PRIVADA, DE PROMOVER A DESAPROPRIAÇÃO DE IMÓVEIS RURAIS PARA FINS DE REFORMA AGRARIA, ESPECIALMENTE PORQUE UM DOS INSTRUMENTOS DE REALIZAÇÃO DA FUNÇÃO SOCIAL DA PROPRIEDADE CONSISTE, PRECISAMENTE, NA SUBMISSÃO DO DOMÍNIO A NECESSIDADE DE O SEU TITULAR UTILIZAR ADEQUADAMENTE OS RECURSOS NATURAIS DISPONÍVEIS E DE FAZER PRESERVAR O EQUILÍBRIO DO MEIO AMBIENTE (CF, ART. 186, II), SOB PENA DE, EM DESCUMPRINDO ESSES ENCARGOS, EXPOR-SE A DESAPROPRIAÇÃO-SANÇÃO A QUE SE REFERE O ART. 184 DA LEI FUNDAMENTAL. (...). (MS 22164, Relator(a): Min. CELSO DE MELLO, Tribunal Pleno, julgado em 30/10/1995, DJ 17-11-1995 PP-39206 EMENT VOL-01809-05 PP-01155)"

61. "(...). – O direito de propriedade não se reveste de caráter absoluto, eis que, sobre ele, pesa grave hipoteca social, a significar que, descumprida a função social que lhe é inerente (CF, art. 5º, XXIII), legitimar-se-á a intervenção estatal na esfera dominial privada, observados, contudo, para esse efeito, os limites, as formas e os procedimentos fixados na própria Constituição da República. – O acesso à terra, a solução dos conflitos sociais, o aproveitamento racional e adequado do imóvel rural, a utilização apropriada dos recursos naturais disponíveis e a preservação do meio ambiente constituem elementos de realização da função social da propriedade. A desapropriação, nesse contexto – enquanto sanção constitucional imponível ao descumprimento da função social da propriedade – reflete importante instrumento destinado a dar conseqüência aos compromissos assumidos pelo Estado na ordem econômica e social. – Incumbe, ao proprietário da terra, o dever jurídico-social de cultivá-la e de explorá-la adequadamente, sob pena de incidir nas disposições constitucionais e legais que sancionam os senhores de imóveis ociosos, não cultivados e/ou improdutivos, pois só se tem por atendida a função social que condiciona o exercício do direito de propriedade, quando o titular do domínio cumprir a obrigação (1) de favorecer o bem-estar dos que na terra labutam; (2) de manter níveis satisfatórios de produtividade; (3) de assegurar a conservação dos recursos naturais; e (4) de observar as disposições legais que regulam as justas relações de trabalho entre os que possuem o domínio e aqueles que cultivam a propriedade. (...). (ADI 2213 MC, Relator(a): Min. CELSO DE MELLO, Tribunal Pleno, julgado em 04/04/2002, DJ 23-04-2004 PP-00007 EMENT VOL-02148-02 PP-00296)"

No tocante ao objeto da desapropriação, importante ressaltar que a definição de imóvel rural dada pelo Direito Agrário não é a mesma do Direito Civil. De fato, o inciso I do art. 4º do Estatuto da Terra (Lei nº 4.504/1964) conceitua imóvel rural como *"prédio rústico, de área contínua, qualquer que seja sua localização, que se destine à exploração extrativa agrícola, pecuária extrativa ou agroindustrial, quer através de planos públicos de valorização, quer através da iniciativa privada".* Na mesma linha, a Lei nº 8.629/1993, em seu artigo 4º, I, conceitua o imóvel rural como sendo *"o prédio rústico de área contínua, qualquer que seja a sua localização, que se destine ou possa se destinar à exploração agrícola, pecuária, extrativa vegetal, florestal ou agroindustrial".*

Dentro da ótica do Direito Agrário, a destinação que se dá ao imóvel ou a atividade nele exercida configuram o principal elemento caracterizador do imóvel rural, e não sua localização (Teoria da Destinação)[62]. Também é possível inferir da dicção dos artigos citados que os imóveis que, apesar de possuírem mais de uma matrícula, forem contíguos e de exploração una devem ser considerados como um único imóvel rural para efeitos de desapropriação.

Essa definição agrarista tem sido recepcionada pelo Pretório Excelso, como se verifica no MS 24488/DF[63] (MS 24488, Relator(a): Min. EROS GRAU, Tribunal Pleno, julgado em

---

62. Ressalte-se que o conceito de imóvel rural distancia-se da noção de propriedade rural. No primeiro, utiliza-se o critério da destinação da propriedade. Por outro lado, na segunda, utiliza-se o critério da localização do imóvel, em zona rural ou urbana.

63. "(...). 4. O conceito de imóvel rural do art. 4º, I, do Estatuto da Terra, contempla a unidade da exploração econômica do prédio rústico, distanciando-se da noção de propriedade rural. (...) (MS 24488, Relator(a): Min. EROS GRAU, Tribunal Pleno, julgado em 19/05/2005, DJ 03-06-2005 PP-00004 EMENT VOL-02194-02 PP-00260 LEXSTF v. 27, n. 320, 2005, p. 170-177 RTJ VOL-00193-03 PP-00914)"

19/05/2005, DJ 03-06-2005) e no MS 24503/DF[64] (MS 24503, Relator(a): Min. MARCO AURÉLIO, Tribunal Pleno, julgado em 07/08/2003, DJ 05-09-2003).

Os aspectos da fase administrativa da ação de desapropriação por interesse social para fins de reforma agrária encontram-se previsto na Lei nº 8.629/1993. Já os aspectos judiciais são tratados na Lei Complementar n.º 76/1993.

As principais características desta modalidade específica de interesse social prevista no art. 184 da Constituição Federal são: (a) ter como pressuposto uma propriedade que não cumpre a função social e (b) o pagamento ser feito em Títulos da Dívida Agrária (TDAs) em relação à terra nua. As benfeitorias (necessárias e úteis) são pagas em dinheiro.

A competência declaratória é da União[65], mediante decreto presidencial – o que atrai a competência do STF em caso de impugnação por mandado de segurança –, e a competência executiva é do Incra.

Trata-se de uma área estratégica para a consecução do bem comum, contudo, submetida a uma densa litigiosidade, seja pela disputa dos bens, seja pelas altas cifras que as indenizações envolvem. A ação de desapropriação por interesse social

---

64. "(...). A teor do disposto no artigo 184 da Constituição Federal, o alvo da reforma agrária é o "imóvel rural que não esteja cumprindo sua função social", pouco importando a existência, sob o ângulo da propriedade, de condomínio. (...). (MS 24503, Relator(a): Min. MARCO AURÉLIO, Tribunal Pleno, julgado em 07/08/2003, DJ 05-09-2003 PP-00031 EMENT VOL-02122-02 PP-00348)"

65. Segundo o *caput* do art. 184 da Constituição Federal, compete (exclusivamente) à União declarar o imóvel de interesse social para fins de reforma agrária. Contudo, vale apontar que os Estados, o Distrito Federal e os Municípios tem competência para promover outras modalidades de desapropriação, inclusive sobre áreas rurais, mas não para fins de reforma agrária.

para fins de reforma agrária é um instrumento jurídico-constitucional primordial para a desconcentração da propriedade rural e a implementação da Política de Reforma Agrária prevista na Carta da República, exigindo do Procurador Federal atuante perante a autarquia agrária o domínio de inúmeros outros aspectos jurídicos para efeitos de bem orientar a Administração Pública na defesa de tão importante política pública.

LICITAÇÕES E CONTRATOS

No âmbito dessa temática, compete ao Procurador Federal analisar, ainda na fase interna ou preparatória, a higidez dos atos praticados pela Administração. Durante esta fase, a Administração terá a oportunidade de corrigir falhas porventura verificadas no procedimento, sem precisar anular atos praticados.

A abertura do processo licitatório observará a seguinte sequência de atos preparatórios: solicitação expressa do setor requisitante interessado, com indicação de sua necessidade; elaboração do projeto básico (ou termo de referência, no caso do pregão), contendo a especificação do objeto, de forma precisa, clara e sucinta e os termos da contratação; elaboração do projeto executivo, se for o caso; aprovação da autoridade competente para início do processo licitatório, devidamente motivada e analisada sob a ótica da oportunidade, conveniência e relevância para o interesse público; autuação do processo correspondente, que deverá ser protocolizado e numerado; estimativa do valor da contratação, mediante comprovada pesquisa de mercado; informação sobre a disponibilidade orçamentária para fazer face à despesa; verificação da adequação orçamentária e financeira, em conformidade com a Lei de responsabilidade fiscal, quando for o caso; definição da modalidade e do tipo de licitação a serem adotados; elaboração das minutas de edital e de contrato; análise jurídica das minutas de edital e de contrato.

A atuação da PGF não alcança aspectos técnicos, econômicos e financeiros, tais como especificações técnicas, análise de economicidade (pesquisas de mercado, verificação da compatibilidade com valores praticados no mercado) e informações sobre disponibilidade orçamentária, que são afetos às áreas técnicas da entidade, de acordo com sua estrutura regimental. Também não adentra no mérito administrativo: se houver dois entendimentos sobre a mesma questão jurídica, por exemplo, a Procuradoria tem o dever de apresentar ambos e cabe à Administração decidir motivadamente o caminho que pretende seguir.

A Administração não está vinculada ao parecer da Procuradoria, pode deixar de acolher suas recomendações. Para tanto, deverá motivar sua decisão, nos termos do art. 50, VII, da Lei nº 9.784/1998.

O STF[66] definiu as repercussões da natureza jurídico-administrativa do parecer jurídico: **a)** quando a consulta é **facultativa**, a autoridade administrativa não está obrigada a solicitar o parecer do órgão jurídico; pode discordar da conclusão do parecer motivadamente; **b)** quando a consulta é **obrigatória**, como é o caso previsto no parágrafo único do art. 38 da Lei n.º 8.666/1993, a autoridade administrativa está obrigada a solicitar o parecer do órgão jurídico; pode discordar da conclusão do parecer motivadamente com base em nova manifestação do órgão jurídico; **c)** quando a consulta é **vinculante**, a autoridade está obrigada a solicitar o parecer do órgão jurídico; não pode discordar da conclusão do parecer. O Pretório Excelso destacou que não é possível a responsabilização do advogado público pelo conteúdo de seu parecer de natureza meramente opinativa, salvo configurada a existência de culpa ou erro grosseiro. Afastou a pretensão do TCU em responsabilizar o advogado de empresa

---

66. MS 24631, Relator(a): Min. JOAQUIM BARBOSA, Tribunal Pleno, julgado em 09/08/2007, DJe-018 DIVULG 31-01-2008 PUBLIC 01-02-2008 EMENT VOL-02305-02 PP-00276 RTJ VOL-00204-01 PP-00250

estatal solidariamente com o administrador que, acolheu o opinamento, e decidiu pela contratação direta sem licitação, sob o fundamento de que o parecer não é ato administrativo, sendo, quando muito, ato de administração consultiva, que visa a informar, elucidar, sugerir providências administrativas a serem estabelecidas nos atos de administração ativa (MS 24073, Relator(a): Min. CARLOS VELLOSO, Tribunal Pleno, julgado em 06/11/2002).

Vale ressaltar que o agente que praticar o ato em desacordo com as orientações do órgão de consultoria jurídica não poderá ser representado pela PGF em ação questionando a legalidade do ato, a menos que o tenha praticado com outro fundamento jurídico razoável e legítimo.

A atuação do Procurador Federal nos procedimentos licitatórios não se resume à análise das cláusulas do edital e contrato, devendo avaliar, sob o aspecto jurídico, os diversos atos administrativos expedidos pela Administração Pública para o atingimento da finalidade pública.

Os contratos nos quais a Administração Pública figura como contratante são regidos por um regime jurídico caracterizado por uma série de prerrogativas do Estado contratante. Essa circunstância faz com que esses ajustes mereçam um estudo apto a demonstrar as particularidades dos contratos administrativos na atividade do Advogado Público Federal.

Nessa linha, merece destaque todo o conhecimento prático já produzido no âmbito da Advocacia-Geral da União (AGU) (pareceres, súmulas e orientações normativas) e do Tribunal de Contas da União (TCU), bem como a regulamentação da matéria pelos órgãos do Poder Executivo Federal.

Essas são as prerrogativas que compõem o chamado **Regime Jurídico dos Contratos Administrativos** previsto no art. 58 da Lei nº 8.666/1993, consistente em algumas cláusulas

A carreira e suas perspectivas 145

exorbitantes da relação contratual, tais como: – exigência de garantia (art. 56, da Lei nº 8.666/1993); – alteração unilateral (art. 65, I, da Lei nº 8.666/1993); – rescisão unilateral (art. 79, I, da Lei nº 8.666/1993); – fiscalização (art. 67 da Lei nº 8.666/1993); – aplicação de penalidade (art. 87 da Lei nº 8.666/1993 e art. 7º da Lei nº 10.520/2002) [67]; -anulação (art. 59 da Lei nº 8.666/1993); – retomada do objeto (art. 80 da Lei nº 8.666/1993); e restrições ao uso da *exceptio non adimpleti contractus* (art. 78, XV e XVI, da Lei nº 8.666/1993)

Compete ao Procurador Federal analisar na fase de execução contratual os aspectos jurídicos de todas essas cláusulas nas hipóteses em que há dúvida da Administração ou nas situações em que se exige alteração no instrumento contratual (art. 38, Parágrafo único, da Lei nº 8.666/1993).

Como se percebe do estudo acima, os contratos administrativos são dotados de diversas peculiaridades em relação aos contratos privados. O que não significa, no entanto, que as regras destes são desprezadas no regramento jurídico dos ajustes públicos. Aos contratos firmados pela Administração Pública no exercício de suas atividades também são aplicados, ainda que supletivamente, os princípios da teoria geral dos contratos e as disposições de direito privado, na forma do art. 54, da Lei nº 8.666/1993.

Há, ainda, o convênio administrativo como forma de colaboração entre entes públicos, bem como entre estes e entidades

---

67. A lei traz uma previsão genérica e abstrata das penalidades. É no edital e no contrato que deve ser feita a previsão para o caso concreto, de acordo com juízo de conveniência do administrador, utilizando-se dos princípios da proporcionalidade e da prudência. São elas: – advertência (art. 87, I, da Lei nº 8.666); – multa (art. 87, II, da Lei nº 8.666); – suspensão temporária de participação em licitação e impedimento de contratar com a Administração, por prazo não superior a 2 (dois) anos (art. 87, III, da Lei nº 8.666); – impedimento de licitar e contratar pelo prazo de até 5 (cinco) anos (art. 7º da Lei nº 10.520); – Declaração de inidoneidade para licitar ou contratar com a Administração Pública (art. 87, IV, da Lei nº 8.666).

privadas sem fins lucrativos, como concreção do princípio da descentralização, previsto no Decreto Lei nº 200/1967.

Quando destinatárias as entidades privadas sem fins lucrativos, o princípio da descentralização e os próprios conceitos do Estado gerencial levam à construção de um compartilhamento de responsabilidade, quanto à execução de determinada política pública, entre o Estado e aquela entidade privada do denominado terceiro setor. Ressalva-se, por oportuno, que atividades consideradas típicas do Estado não podem ser objeto desses ajustes com o terceiro setor.

De outra parte, quando destinatários os entes políticos, a grande razão de ser da realização dos convênios é a manutenção do próprio Estado brasileiro, do pacto federativo, posto que muitos municípios, e alguns estados também, não têm condições de realizar investimentos sociais com suas arrecadações próprias tão-somente, ainda que somadas às transferências obrigatórias. Daí a gênese da realização dos convênios.

Dentre as transferências obrigatórias, destacam-se as decorrentes da legislação tributária, no que concerne à repartição das receitas, bem como as decorrentes de lei específica, como as inseridas no Plano de Aceleração do Crescimento – PAC, com força na Lei nº 11.578/2007, transferências essas que não se processam pelos convênios, senão por termos próprios, definidos nas leis específicas de regência (termo de compromisso, a exemplo do PAC).

No âmbito normativo, sobretudo, destaca-se a importância do art. 167 da Constituição Federal; da Lei nº 8666, de 1993, no que couber, conforme previsão contida no seu art. 116; da Lei nº 9.504, de 1997, em anos eleitorais; da Lei de Responsabilidade Fiscal, notadamente quanto ao contido no seu art. 25; das Leis de Diretrizes Orçamentárias vigentes e, no que iremos destacar, do Decreto nº 6.170/2007, e da Portaria Interministerial nº 507/2011.

Ainda, para fins de aplicação do Direito, é imperioso que os Advogados Públicos Federais manejem, ao menos, o Manual de Convênios do Tribunal de Contas da União[68], as Orientações Normativas da Advocacia-Geral da União[69], bem como pareceres nos quais são produzidas Conclusões elaboradas pelo então Grupo de Trabalho de Convênios, e, desde 2013, pela Câmara Permanente de Convênios, do Departamento de Consultoria da PGF. A Doutrina sobre a matéria e a jurisprudência, sobretudo do TCU, ainda, não pode ser esquecidas pelo parecerista jurídico.

Posto isso, temos que, na sua formação, os convênios passam por quatro fases, a saber: a proposição por parte do interessado; a celebração do termo; a execução do objeto; e a prestação de contas. Nesse ponto, o Manual de Convênios do TCU elenca as irregularidades mais frequentes em cada uma dessas fases, do que se recomenda a leitura específica para fins de atuação profissional.

Esses ajustes, denominados de convênios[70] e seus congêneres, diferenciam-se, basicamente dos contratos[71], em face da existência de contraprestação direta, nestes últimos, e da realização de um objeto de interesse recíproco, naqueles. Logo, havendo interesses contrapostos nos contratos administrativos, a prévia licitação se impõe. A exceção admitida é a utilização dos termos de cooperação[72] para os casos em que determinado órgão ou entidade públicos foram criados para justamente o objeto a que se pretende fazer o ajuste. Nesse caso, será o termo

---

68. http://portal2.tcu.gov.br/portal/pls/portal/docs/2548956.PDF

69. http://www.agu.gov.br/orientacao

70. Art. 1º, § 1º, I, do Decreto n.º 6.170/2007 e Art. Art. 1º, § 2º, VI, da Portaria Interministerial nº 507/2011.

71. Art. 2º, parágrafo único, da Lei n.º 8.666/1993.

72. Art. 1º, § 1º, III, do Decreto n.º 6.170/2007 e Art. 1º, § 2º, XXIV, da Portaria Interministerial nº 507/2011.

de cooperação, e não o contrato o instrumento utilizado. Nos convênios e seus congêneres, quando o convenente for entidade privada sem fins lucrativos, o prévio chamamento público se impõe, salvo exceções trazidas na legislação[73], e, quando o convenente for público, não há obrigatoriedade de prévia seleção[74].

Diante da ausência de sistematização dos normativos existentes sobre convênios e instrumentos congêneres, que se encontram difusos em todo o ordenamento jurídico, compete ao Procurador Federal orientar a Administração para o preenchimento integral dos requisitos legais dispostos na legislação, bem como na análise dos casos concretos de dúvidas, apresentar soluções jurídicas que atendam o alcance dos princípios da Administração Pública.

INDÍGENA

A Constituição Federal de 1988 ao dedicar um capítulo inteiro à temática indígena, deixa clara a opção pelo respeito à alteridade ao apontar expressamente, em seu artigo 231, que aos índios se reconhece sua organização social, costumes, línguas, crenças e tradições, e os direitos originários sobre as terras que tradicionalmente ocupam. Rompeu com o paradigma integracionista até então vigente e consolidou o instituto do indigenato. Deste modo, a leitura de toda legislação infraconstitucional, no que se refere aos direitos desses povos, necessita de um olhar ancorado nas garantias reconhecidas em sede constitucional.

O dever estatal de proteção das comunidades indígenas, exercido através da Funai, é estendido à Procuradoria-Geral

---

73. Art. 4º do Decreto n.º 6.170/2007 e Art. 8º da Portaria Interministerial nº 507/2011.

74. Art. 7º da Portaria Interministerial nº 507/2011.

Federal, a quem compete a defesa judicial e extrajudicial dos direitos e interesses indígenas. Dentre as competências da Procuradoria, está a defesa dos direitos das crianças e adolescentes indígenas nas ações de guarda, tutela e adoção, onde atua zelando pela identidade física e cultural do menor enquanto índio e para que esses menores permaneçam no seio de seu núcleo familiar e comunitário e somente sejam colocados em famílias substitutas não índias em razão de situação de grave risco.

O tratamento constitucional aos indígenas, aliado às normas infraconstitucionais sobre o tema, também traz inegáveis reflexos para o direito penal e processo penal em que figure como réu o indígena. Dessa forma, na atuação do Procurador Federal na qualidade de patrono do indígena, ganham relevo temas como a responsabilidade criminal do índio, bem como a competência para o processamento e julgamento do feito, a forma de cumprimento de pena e o foro étnico.

O Procurador Federal, uma vez conhecedor dos normativos que regem a questão, cujo principal vetor hermenêutico é a Constituição Federal, deve pugnar pela observância desses preceitos na persecução penal estatal, demonstrando a imprescindibilidade de produção de perícia antropológica como instrumento para a compreensão do comportamento do indígena ante a conduta que lhe foi imputada e para a fiel observância da ampla defesa e contraditório. Caso condenado o indígena, deve o Procurador oficiante protestar pela aplicação das normas que o favoreça, por se tratar de direito subjetivo irrenunciável e que visa evitar a perda da identidade étnica e cultural.

Outros assuntos ligados à questão fundiária são objeto da atuação da Procuradoria-Geral Federal na defesa dos direitos indígenas, tais como proteção e gestão do território, preservação do meio ambiente, compensação por danos causados à terra indígena, etc.

Nesse sentido, interessa saber que, além das coordenações regionais e técnicas locais, a Funai possui, na forma do Estatuto aprovado pelo Decreto nº 7.778/2012, diversos órgãos sediados em Brasília – coordenações gerais – que podem e devem ser consultados para subsidiar uma defesa adequada e a devida atuação judicial.

Dessa forma, a Procuradoria Federal Especializada junto à Funai em Brasília deve ser comunicada e consultada, principalmente nos demais casos que não foram abordados especificamente, sempre que a questão enfrentada suscitar dúvidas, tendo em vista as peculiaridades dos direitos indígenas.

Por fim, ressalta-se a necessidade de que o Procurador Federal internalize o conceito de alteridade e pluralismo como ponto de partida para o eficiente patrocínio da causa.

MEIO AMBIENTE

Atendendo à incumbência contida no art. 225, §1º, III da CF, de o Poder Público definir espaços especialmente protegidos, foram regulamentadas por lei as Áreas de Preservação Permanente, Reservas Legais (Lei nº 12.651/2012) e Unidades de Conservação (Lei nº 9.985/2000), cada uma delas com características próprias, a atender objetivos específicos de proteção.

O Sistema Nacional de Unidades de Conservação, previsto na Lei nº 9.985/2000, disciplina as unidades de conservação federais, estaduais e municipais, visando a cumprir o mandamento constitucional que impõe ao Estado o dever de preservá-las, inclusive para as futuras gerações.

Distribuídas por todo o País, diversas podem ser as unidades de conservação. Dividem-se em dois grupos, com características específicas: **i)** a **Unidade de Proteção Integral**, cujo objetivo é preservar a natureza, sendo admitido apenas o uso indireto dos seus recursos naturais, aquele que não envolve consumo, coleta, dano ou destruição, com exceção dos casos previstos na própria Lei; **ii)** a **Unidade de Uso Sustentável**, cujo objetivo é compatibilizar a conservação da natureza com o uso sustentável de parcela dos seus recursos naturais. No primeiro, são cinco categorias: Estação Ecológica, Reserva Biológica, Parque Nacional, Estadual ou Municipal, Monumento Natural e Refúgio da Vida Silvestre. No segundo, são sete categorias: Área de Proteção Permanente, Área de Relevante Interesse Ecológico, Floresta Nacional, Estadual ou Municipal, Reserva Extrativista, Reserva de Fauna, Reserva de Desenvolvimento Sustentável e Reserva Particular do Patrimônio Natural. Há, ainda, a Reserva da Biosfera, modelo adotado internacionalmente, que pode ser considerada como de uso sustentável.

Nessa temática, ganha relevo aspectos sobre o ato de criação de criação e estabelecimento de zona de amortecimento, o plano de manejo, os conselhos consultivos e deliberativos, a questão dominial, no que tange ao aspecto fundiário, de posse e domínio público, domínio público com uso concedido s populações residentes, ou domínio privado, as populações tradicionais,

Enquanto o art. 36 *caput* e seus §§ 1º e 2º da Lei nº 9.985/00 instituem regra afeta ao licenciamento de empreendimento de significativo impacto ambiental, bem como a sistemática da compensação ambiental, seu § 3º, estatui norma afeta ao licenciamento de empreendimento, igualmente de significativo impacto ambiental, porém que afete, potencial ou efetivamente, unidade de conservação específica ou sua Zona de Amortecimento. O dispositivo é regulamentado pela Resolução Conama nº 428/2010.

As atribuições relativas à proposta de implantação, gestão, proteção, fiscalização e monitoramento das unidades instituídas pela União compete precipuamente ao Instituto Chico Mendes de Conservação da Biodiversidade (ICMBio), autarquia federal criada pela Lei nº 11.516/2007, cuja representação judicial, por sua vez, compete à Procuradoria-Geral Federal.

Diante da relevância do direito-dever fundamental ao meio ambiente ecologicamente equilibrado e com vistas à efetividade das normas ambientais (princípios e regras) consolidadas no Direito Ambiental brasileiro, ressalta-se também a importância das responsabilizações administrativa e civil, em face de ilícitos ambientais, pelos órgãos da Procuradoria-Geral Federal, responsáveis pelo assessoramento jurídico consultivo ou pela atuação judicial das autarquias ambientais, notadamente o IBAMA e o ICMBio

Na esfera da **responsabilidade civil ambiental**, relevante notar que a mesma é objetiva, dispensando a demonstração de dolo ou culpa (art. 14, §1º, da Lei 6.938/1981), bastando demonstrar a autoria, o dano e o nexo de causalidade. E, diante da dificuldade de apontar o liame causal em tema de dano ambiental, o sistema assenta-se na inversão do ônus da prova aliado ao princípio da precaução[75]. Além disso, em face da adoção da teoria do risco integral, o fato de terceiro, o caso fortuito e a força maior não têm o condão de excluir o nexo de causalidade[76].

A responsabilização civil ambiental refere-se à reparação do dano e/ou ao pagamento de indenização, este como substitutivo na impossibilidade da reparação e que será revertido para Fundos de Defesa dos Direitos Difusos.

---

75. REsp 972.902/RS, Rel. Ministra ELIANA CALMON, SEGUNDA TURMA, julgado em 25/08/2009, DJe 14/09/2009

76. O STJ fixou em julgado submetido à sistemática de recursos repetitivos o seguinte entendimento: "a responsabilidade por dano ambiental é objetiva, informada pela teoria do risco integral, sendo o nexo de causalidade o fator aglutinante que permite que o risco se integre na unidade do ato, sendo descabida a invocação, pela empresa responsável pelo dano ambiental, de excludentes de responsabilidade civil para afastar a sua obrigação de indenizar" (REsp 1354536/SE, Rel. Ministro LUIS FELIPE SALOMÃO, SEGUNDA SEÇÃO, julgado em 26/03/2014, DJe 05/05/2014).

Considerando que a Administração não dispõe de meios administrativos coercitivos para garantir a responsabilidade civil ambiental, a mesma poderá compelir o degradador para tanto, principalmente, a partir da interposição da Ação Civil Pública (Lei n.º 7.347/1985), cuja legitimidade de agir inclui não só o Ministério Público, como também, dentre outros, a União e suas autarquias.

A **responsabilidade penal ambiental** tem tratamento sistemático na Lei 9.605/1998, sem prejuízo de outras normas penais esparsas aplicáveis à esfera criminal. E, diferentemente da responsabilidade civil, a culpabilidade do agente, seja por dolo ou por culpa, é requisito a ser observado na responsabilização penal.

Merece destaque nessa legislação a responsabilidade administrativa, civil e penal da pessoa jurídica, para a qual se exige comprovação de que a conduta dolosa foi cometida em seu interesse ou benefício e que tenha advindo de decisão de seu representante legal ou contratual ou ainda de seu órgão colegiado[77]. A responsabilidade das pessoas jurídicas não exclui a das pessoas físicas, autoras, coautoras ou partícipes do mesmo fato, nos termos do parágrafo único do art. 3º da Lei n.º 9.605/1998. É a chamada teoria da dupla imputação. Ocorre que a Primeira Turma do STF, relativizando tal teoria, entendeu ser admissível a condenação de pessoa jurídica pela prática de crime ambiental, ainda que absolvidas as pessoas físicas ocupantes de cargo de presidência ou de direção do órgão responsável pela prática criminosa (RE 548181, Relator(a): Min. ROSA WEBER, Primeira Turma, julgado em 06/08/2013, ACÓRDÃO ELETRÔNICO DJe-213 DIVULG 29-10-2014 PUBLIC 30-10-2014). A 5ª Turma do STJ seguiu o mesmo entendimento (RMS 39.173/BA, Rel. Ministro REYNALDO SOARES DA FONSECA, QUINTA TURMA, julgado em 06/08/2015, DJe 13/08/2015)[78].

---

77. Art.. 3º da Lei n.º 9.605/1998.

78. A *responsabilidade penal da pessoa jurídica pela prática de crimes ambien-*

Nos crimes ambientais, a ação penal é pública incondicionada[79]. Na prática administrativa, cabe aos órgãos e entidades ambientais que detêm poder de polícia ambiental proceder à notificação de crime ambiental quando este seja constatado em concomitância com infração administrativa ambiental. Ainda, no âmbito federal, ressalta-se que os tipos penais encontram correspondência nos tipos de infrações administrativas.

A **responsabilidade administrativa ambiental** também é tratada na Lei 9.605/1998 (arts. 70 e segs.) e envolve o poder de polícia da Administração exercido sobre as atividades ou omissões que repercutam no meio ambiente, com vistas à consecução do interesse público e ao cumprimento dos deveres ambientais constitucionais e legais do Poder Público. Essa responsabilidade administrativa foi originariamente tratada na Lei 6.938/1981, que previu genericamente algumas sanções administrativas (art.14) [80], contudo, não havia sistematização de normas e tampouco uma tipificação das infrações administrativas, o que ocorreu somente com o advento da Lei 9.605/1998, regulamentada pelo Decreto n.º 6.514/2008.

A atuação da Administração Ambiental de apuração de infração administrativa se submete à divisão de competências comuns ambientais, nos termos do art. 23, III, VI e VII, e parágrafo único, da Constituição Federal, disciplinadas pelas normas da Lei Complementar n.º 140/2011, que visam à cooperação entre

---

tais é subjetiva e independente da responsabilização simultânea da pessoa física por ela responsável, segundo posição dos Tribunais Superiores.

79. Art. 26 da Lei n.º 9.605/1998

80. Na Lei n.º 6.938/1981, o uso de "transgressores" no *caput* do artigo 14, comparado à utilização de "poluidor" no § 1° dá a entender que a responsabilidade civil por dano ambiental é subjetivamente mais abrangente do que a responsabilidade administrativa, não admitindo esta última que terceiros respondam a título objetivo por dano ambiental praticado por outrem (REsp 1251697/PR, Rel. Ministro MAURO CAMPBELL MARQUES, SEGUNDA TURMA, julgado em 12/04/2012, DJe 17/04/2012)

a União, os Estados, o Distrito Federal e os Municípios nas ações administrativas ambientais. A referida Lei dispôs que compete ao órgão responsável pelo licenciamento ambiental lavrar auto de infração e instaurar processo administrativo para apurar infrações administrativas ambientais; sendo possível que o órgão ambiental de outro ente federativo realize a atribuição comum de fiscalização da conformidade do empreendimento com a legislação[81]. Todavia, prevalece o auto de infração lavrado pelo órgão que detém originariamente a atribuição de licenciamento ou autorização. E, nos casos de iminência ou ocorrência de degradação da qualidade ambiental, o ente federativo que tiver conhecimento do fato deverá determinar medidas para evitá-la, fazer cessá-la ou mitigá-la, comunicando imediatamente ao órgão competente para as providências cabíveis[82].

No âmbito da responsabilidade administrativa ambiental, destaca-se que a lavratura de auto de infração ou de termo próprio é apenas o início de um processo administrativo, que deverá atender ao princípio do devido processo legal e manter regularidade até a aplicação definitiva de penalidades previstas em lei. Ainda, deve-se atentar para a existência de três espécies de prescrição da pretensão: a punitiva (que pode ser de cinco, oito ou até doze anos), a intercorrente (sempre de três anos), e a executória (sempre de cinco anos), sendo importante observar suas causas suspensivas e interruptivas da prescrição, conforme previsto na Lei 9.873/1999 e do Decreto n.º 6.514/2008. Por fim, com relação à prescrição da pretensão executória, importa ressaltar que em julgamento realizado em 13/10/2010, o Superior Tribunal de Justiça consolidou seu entendimento e editou a Súmula n.º 467, cujo enunciado estabelece que "prescreve em cinco anos, contados do término do processo administrativo, a pretensão da Administração Pública de promover a execução

---

81. Art.17, *caput*, e §3º da Lei Complementar n.º 140/2011.

82. Art.17, § 2º, da Lei Complementar n.º 140/2011.

da multa por infração ambiental", redação que foi ao encontro do que dispõe o art. 1º-A da Lei n.º 9.873/1999, incluído pela Lei n.º 11.941/2009, e, assim, unificou o prazo em cinco anos, antes e depois da edição da lei.

Outros temas centrais para a atuação em matéria ambiental estão relacionados aos instrumentos para a efetivação da Política Nacional do Meio Ambiente prevista na Lei n.º 6.938/1981, dentre os quais estão a **Avaliação de Impactos Ambientais (AIA) e o Licenciamento e a revisão de atividades efetiva ou potencialmente poluidoras, as espécies de licenças ambientais, bem como o Estudo de Impacto Ambiental (EIA) e o seu respectivo Relatório (RIMA), tratados nas Resoluções CONAMA n.º 01/1986 e 237/1997 e, recentemente, na Lei Complementar n.º 140/2011.**

Com o advento da Lei Complementar nº 140/2011, a disciplina das atribuições comuns ganhou foro adequado. É interessante perceber que o novo diploma legal trouxe regras mais objetivas para a definição da competência para o licenciamento, que levam em consideração critérios diversos, como amplitude de impacto, localização/desenvolvimento da atividade, dominialidade, porte, natureza e potencial poluidor do empreendimento.

Por fim, quanto à Lei nº 12.651/2012, o chamado Novo Código Florestal, destacam-se seus principais institutos jurídicos, dois outros espaços territoriais especialmente protegidos, a Área de Proteção Permanente – APP e a Reserva Legal – RL, bem como o recém-criado Cadastro Ambiental Rural – CAR. Nesse tema, o maior desafio para os Advogados Públicos Federais ocorrerá com a operacionalização do processo de regularização dos imóveis rurais do Brasil, que dependerá de uma série de atos normativos regulamentares ainda não editados e da construção de entendimentos jurídicos robustos sobre temas jurídicos complexos e delicados.

O Direito Ambiental, ao contrário de outros ramos jurídicos, é recente, estando suas bases ainda em construção. As vitórias alcançadas nessa área representam a proteção de um direito difuso altamente frágil, de fundamental importância para própria sobrevivência da humanidade.

QUAIS AS PERSPECTIVAS FUTURAS PARA A CARREIRA?

Um dos principais pleitos dos membros da AGU é a aprovação das Propostas de Emenda à Constituição 443/2009[83] e 82/2007[84]. A PEC 82 trata da autonomia administrativa da advocacia pública e a PEC 443 fixa o salário desses profissionais a 90,25% do subsídio dos ministros do Supremo Tribunal Federal (STF).

O impacto financeiro da aprovação dessas medidas de valorização da AGU, é equivalente a apenas 0,21% do total de R$ 3,07 trilhões arrecadados ou economizados pela instituição para os cofres públicos entre 2010 e 2014[85]. A aprovação definitiva da PEC terá impactos financeiros relativamente baixos se comparados aos resultados operacionais da instituição, cabendo ressaltar que os desdobramentos remuneratórios somente se efetivarão no segundo exercício financeiro a partir da promulgação da emenda constitucional, o que não deve ocorrer antes de 2018.

---

83. http://www.camara.gov.br/proposicoesWeb/fichadetramitacao?idProposicao=463155

84. http://www.camara.gov.br/proposicoesWeb/fichadetramitacao?idProposicao=354302

85. http://www.conjur.com.br/2015-jul-13/chefe-pgf-defende-propostas-valorizacao-agu

Na madrugada do dia 06/11/2015, o Plenário da Câmara dos Deputados aprovou, em primeiro turno, com 445 votos a favor e 16 contra o texto-base da PEC 443. De acordo com o texto, esse índice será usado para encontrar a maior remuneração da carreira. Como o subsídio do Supremo atualmente é de R$ 33.763,00, esse teto vinculado seria de R$ 30.471,10, criando uma espécie de gatilho salarial, pois o aumento será automático assim que o subsídio dos ministros do Supremo aumentar no futuro. Haverá um escalonamento dos demais integrantes das carreiras, contanto que as diferenças entre um e outro padrão não sejam superiores a 10% ou inferiores a 5%. No caso da AGU, o salário da última das três categorias, a especial, passa de R$ 22.516,94 para os R$ 30.471,10[86].

A alteração pretendida pela PEC nº 443/2009 busca acabar com a evasão média de 40% que as carreiras da AGU vêm sofrendo em razão da falta de equiparação remuneratória com carreiras de mesma estatura constitucional. É preciso paridade de armas com as demais funções essenciais à Justiça para que a defesa do Estado esteja à altura do que reclama o interesse público.

No dia 30 de dezembro de 2015, a então presidente Dilma Rousseff encaminhou ao Congresso Nacional dois projetos de lei com medidas de valorização da Advocacia Pública Federal[87].

O atual presidente Michel Temer sancionou sem vetos ao texto de um dos projetos de lei. Em 29/07/2016, entrou em vigor a Lei n.º 13.327, que dispõe sobre honorários advocatícios de sucumbência das causas em que forem parte a União, suas autarquias e fundações, prevendo reajuste nos subsídios,

---

86. http://www2.camara.leg.br/camaranoticias/noticias/ADMINISTRACAO--PUBLICA/493272-APROVADO-TEXTO-BASE-DE-PEC-QUE-VINCULA-SALA-RIO-DA-AGU-E-DE-DELEGADOS-AO-STF.html

87. http://www.agu.gov.br/page/content/detail/id_conteudo/377776

atribuições e prerrogativas dos membros da Advocacia-Geral da União. Essa lei representa um avanço muito importante para a advocacia de Estado. Certamente estimulará a meritocracia nas carreiras jurídicas da AGU.

O pagamento de honorários já estava previsto no art. 85, § 19, do novo Código de Processo Civil (Lei n.° 13.105/2015), que entrou em vigor em março de 2016. Com a regulamentação, um percentual dos valores pagos por partes que perderem litígios judiciais com a União, autarquias e fundações públicas federais será revertido para os membros da AGU e rateados de maneira igualitária entre as carreira.

Os valores dos honorários devidos serão pagos de acordo com o tempo de efetivo exercício no cargo, para os servidores ativos; e com base no tempo de aposentadoria, para os servidores aposentados.

O rateio será feito nas seguintes proporções: i) para os ativos, 50% de uma cota-parte após o primeiro ano de efetivo exercício; 75%, após o segundo ano; e 100%, após o terceiro ano; ii) para os inativos, 100% de uma cota-parte durante o primeiro ano de aposentadoria, decrescente à proporção de 7% a cada um dos 9 anos seguintes, mantendo-se o percentual fixo e permanente até a data de cessação da aposentadoria. Assim, quem acabou de se aposentar recebe o valor total. Com 24 meses, passa a receber 93% e assim sucessivamente, até que aos 108 meses passa a receber um valor fixo de 37%.

A partir de 2017, os honorários advocatícios de sucumbência serão calculados incluindo: i) 100% do produto dos honorários de sucumbência recebidos nas ações judiciais em que forem parte a União, as autarquias e as fundações públicas federais; ii) até 75% do produto do encargo legal acrescido aos débitos inscritos na dívida ativa da União, previsto no art. 1º do Decreto-Lei n.° 1.025/1969; e iii) 100% do produto do encargo legal acrescido aos créditos das autarquias e das fundações públicas federais inscritos na dívida ativa da União, nos termos do § 1º do art. 37-A da Lei n.° 10.522/2002. Para as competências de agosto a dezembro de 2016, os honorários advocatícios serão creditados em folha de pagamento pela União diretamente aos membros da AGU, no valor referente a uma cota-parte do montante arrecadado no primeiro semestre do ano de 2015, sendo de diferente os encargos legais da União considerados em percentual único de 50%.

Uma portaria conjunta da Advocacia-Geral da União, da Casa Civil e dos Ministérios da Fazenda e Planejamento vai normatizar a criação do Conselho Curador dos Honorários Advocatícios – CCHA, vinculado à própria AGU e administrado por um conselho composto por representantes das carreiras jurídicas, eleitos para mandatos de dois anos.

Convém registrar que os valores recebidos a título de honorários não integram o subsídio e não servem para cálculo de adicional, gratificação ou qualquer outra vantagem pecuniária. Também não integram a base de cálculo, compulsória ou facultativa, da contribuição previdenciária. E, por fim, incide imposto de renda, sendo o correspondente retidos na fonte pela instituição financeira oficial, responsável por gerir, processar e distribuir os honorários entre os advogados públicos federais.

Não entrarão no rateio dos honorários: i) pensionistas; ii) aqueles em licença para tratar de interesses particulares; iii) aqueles em licença para acompanhar cônjuge ou companheiro; iv) aqueles em licença para atividade política; v) aqueles em afastamento para exercer mandato eletivo; vi) aqueles cedidos ou requisitados para entidade ou órgão estranho à administração pública federal direta, autárquica ou fundacional.

Os reajustes nos subsídios foram divididos em quatro parcelas. Devem ocorrer a partir de agosto deste ano (5,5%), para depois serem complementados, sempre no mês de janeiro, de 2017 (5%), 2018 (4,75%) e 2019 (4,5%), conforme a tabela abaixo:

CATEGORIA	EFEITOS FINANCEIROS PARTIR DE				
	1º JAN 2015	1º AGO 2016	1º JAN 2017	1º JAN 2018	1º JAN 2019
ESPECIAL	22.516,94	23.755,37	24.943,14	26.127,94	27.303,70
PRIMEIRA	19.913,33	21.008,56	22.058,99	23.106,79	24.146,60
SEGUNDA	17.330,33	18.283,50	19.197,67	20.109,56	21.014,49

Vale lembrar que, a partir do pagamento referente à janeiro de 2016, foram reajustados os valores do auxílio-alimentação (de R$ 373 para R$ 458); da assistência à saúde (R$ 115 para R$ 145); e de assistência pré-escolar (R$ 70 para R$ 321).

A Lei nº 13.327/2016, além dos honorários e do reajuste, prevê também dois importantes artigos para os advogados públicos federais. Em um deles são expostas, de forma genérica, as atribuições desses profissionais, e em outro são previstas as prerrogativas de seus ocupantes.

Quanto às atribuições, o art. 37 elenca as seguintes:

"Art. 37. Respeitadas as atribuições próprias de cada um dos cargos de que trata este Capítulo, compete a seus ocupantes:

I – apresentar nos processos petições e manifestações em geral;

II – exarar pareceres, notas, informações, cotas e despachos;

III – interpretar as decisões judiciais, especificando a força executória do julgado e fixando para o respectivo órgão ou entidade pública os parâmetros para cumprimento da decisão;

IV – participar de audiências e sessões de julgamentos, proferindo sustentação oral sempre que necessário;

V – despachar com autoridades judiciais e administrativas assuntos de interesse da União, suas autarquias e fundações públicas;

VI – analisar a possibilidade de deferimento de parcelamentos e encaminhar a protesto os créditos cuja titularidade seja da União e de suas autarquias e fundações públicas;

VII – promover a análise de precatórios e de requisição de pequeno valor antes de seus pagamentos;

VIII – propor, celebrar e analisar o cabimento de acordos e de transações judiciais e extrajudiciais, nas hipóteses previstas em lei;

IX – manifestar-se quanto à legalidade e à constitucionalidade de minutas de atos normativos;

X – realizar estudos para o aprofundamento de questões jurídicas ou para fins de uniformização de entendimentos;

XI – participar de reuniões de trabalho, sempre que convocados;

XII – requisitar elementos de fato e de direito e informações necessárias à defesa judicial ou extrajudicial dos direitos ou dos interesses da União, de suas autarquias e de suas fundações;

XIII – comunicar-se com outros órgãos e entidades pelos meios necessários ao atendimento de demandas jurídicas;

XIV – atender cidadãos e advogados em audiência para tratar de processos sob sua responsabilidade;

XV – atuar em procedimento de mediação, nos termos da <u>Lei nº 13.140, de 26 de junho de 2015</u>;

XVI – instaurar procedimentos prévios para verificação de responsabilidade de terceiros em relação a danos ao erário, para fins de futura cobrança judicial ou extrajudicial;

XVII – atuar na defesa de dirigentes e de servidores da União, de suas autarquias e de suas fundações públicas quando os atos tenham sido praticados dentro das atribuições institucionais e nos limites da legalidade, havendo solicitação do interessado;

XVIII – definir os parâmetros para elaboração de cálculos com todas as orientações necessárias para fins de análise técnica da unidade de cálculos e perícias competente;

XIX – utilizar os sistemas eletrônicos existentes e atualizar as informações sobre sua produção jurídica e demais atividades;

XX – analisar previamente a pauta de julgamento dos órgãos do Poder Judiciário, com o intuito de verificar a conveniência de distribuição de memoriais de julgamento e a realização de sustentação oral;

XXI – conferir acompanhamento prioritário ou especial aos processos classificados como relevantes ou estratégicos;

XXII – desenvolver outras atividades relacionadas ao exercício de suas atribuições institucionais.

§ 1º No exercício de suas atribuições, os ocupantes dos cargos de que trata este Capítulo buscarão garantir a segurança jurídica das ações governamentais e das políticas públicas do Estado, zelando pelo interesse público e respeitando a uniformidade institucional da atuação.

§ 2º O Advogado-Geral da União poderá editar ato para disciplinar o disposto no caput."

No que tocam às prerrogativas, o art. 38 assim prevê:

"Art. 38. São prerrogativas dos ocupantes dos cargos de que trata este Capítulo, sem prejuízo daquelas previstas em outras normas:

I – receber intimação pessoalmente, mediante carga ou remessa dos autos, em qualquer processo e grau de jurisdição, nos feitos em que tiver que oficiar, admitido o encaminhamento eletrônico na forma de lei;

II – requisitar às autoridades de segurança auxílio para sua própria proteção e para a proteção de testemunhas, de patrimônio e de instalações federais, no exercício de suas funções, sempre que caracterizada ameaça, na forma estabelecida em portaria do Advogado-Geral da União;

III – não ser preso ou responsabilizado pelo descumprimento de determinação judicial no exercício de suas funções;

IV – somente ser preso ou detido por ordem escrita do juízo criminal competente, ou em flagrante de crime inafiançável, caso em que a autoridade policial lavrará o auto respectivo e fará imediata comunicação ao juízo competente e ao Advogado-Geral da União, sob pena de nulidade;

V – ser recolhido a prisão especial ou a sala especial de Estado Maior, com direito a privacidade, e ser recolhido em dependência separada em estabelecimento de cumprimento de pena após sentença condenatória transitada em julgado;

VI – ser ouvido, como testemunha, em dia, hora e local previamente ajustados com o magistrado ou a autoridade competente;

VII – ter o mesmo tratamento protocolar reservado aos magistrados e aos demais titulares dos cargos das funções essenciais à justiça;

VIII – ter ingresso e trânsito livres, em razão de serviço, em qualquer recinto ou órgão público, sendo-lhe exigida somente a apresentação da carteira de identidade funcional;

IX – usar as insígnias privativas do cargo.

§ 1º No curso de investigação policial, quando houver indício de prática de infração penal pelos ocupantes dos cargos de que trata este Capítulo, a autoridade policial, civil ou militar, comunicará imediatamente o fato ao Advogado-Geral da União.

§ 2º No exercício de suas funções, os ocupantes dos cargos de que trata este Capítulo não serão responsabilizados, exceto pelos respectivos órgãos correicionais ou disciplinares, ressalvadas as hipóteses de dolo ou de fraude.

§ 3º A apuração de falta disciplinar dos ocupantes dos cargos de que trata este Capítulo compete exclusivamente aos respectivos órgãos correicionais ou disciplinares.

§ 4º Respeitadas as atribuições de cada um dos cargos mencionados neste Capítulo, a advocacia institucional pode ser exercida em processo judicial ou administrativo, em qualquer localidade ou unidade da Federação, observada a designação pela autoridade competente.

§ 5º A carteira de identidade funcional dos ocupantes dos cargos de que trata este Capítulo é válida como documento de identidade para todos os fins legais e tem fé pública em todo o território nacional."

A permissão para que Advogados da União e Procuradores Federais, da Fazenda Nacional e do Banco Central exercessem advocacia privada, que constava no projeto de lei original, foi retirada de votação, pelos parlamentares, na Câmara dos Deputados, para ser discutida paralelamente em outro projeto de lei autônomo, o que causou descontentamento entre os membros da categoria.

A propósito, observam-se alguns fatores que sustentam a importância da advocacia privada para os membros da AGU: a) valorização da carreira, pois o advogado público, ao poder advogar em âmbito privado, tem um passaporte para a livre iniciativa privada, seu aperfeiçoamento pessoal e profissional e a busca de oportunidades paralelas legítimas para seu crescimento, sem prejuízo as funções públicas ; b) atração e retenção de grandes talentos para a instituição, tornando-a referência na comunidade jurídica, valorizando os concursos públicos de ingresso nas carreiras; c) fomento à cultura de advogado privado numa estrutura pública, em que preponderam a meritocracia, os resultados, e a qualidade; d) medição da eficiência da instituição por critérios de advocacia e êxito das ações em favor da União.[88] Os eventuais desvios e conflitos de interesses seriam reprimidos com a atuação efetiva da corregedoria, sendo necessário preservar rigoroso regime de correição, transparência, governança e proteção institucional.

Por sua vez, a estruturação de um Plano Especial de Cargos da Advocacia-Geral da União (PEC-AGU), com a criação de dois mil cargos das carreiras de Analista de Apoio à Atividade Jurídica, de nível superior, e de mil cargos das carreiras de Técnico de Apoio à Atividade Jurídica, de nível intermediário, restou prejudicada. A lei foi vetada, neste ponto, o que pegou de surpresa a Instituição, pois o projeto encaminhado pelo Poder Executivo, não teve alterações substanciais no Congresso Nacional, tampouco contempla aumento de despesas para os cofres públicos.[89]

---

88. http://www.agu.gov.br/page/content/detail/id_conteudo/413385

89. http://www.agu.gov.br/page/content/detail/id_conteudo/432592

Em suma, a Lei n° 13.327/2016 representa enorme crescimento institucional para as carreiras que compõe a advocacia pública federal, tornando o concurso ainda mais interessante e disputado.

Por fim, vem se discutindo a unificação das carreiras que integram a AGU – Advogado da União, Procurador da Fazenda Nacional, Procurador Federal e Procurador do Banco Central do Brasil. A medida traz uma série de benefícios, dentre os quais, a redução dos gastos; o aperfeiçoamento da gestão; maior efetividade no desempenho das atividades e, consequentemente, mais segurança jurídica para o poder público; a redução da carga de trabalho; a consolidação da identidade institucional. Consultados sobre a iniciativa, 71,97% dos 6.444 advogados públicos que participaram da votação manifestara-se de maneira favorável à medida. Outros 26,23% se declararam contrários e 1,8% se abstiveram. O resultado da consulta deve embasar propostas de alterações legislativas que serão apresentadas em breve para a Casa Civil e para a Presidência da República[90]. Alerto, porém, que não se trata de projeto institucional imediato. A melhor formula à unificação ainda está sendo discutida, tendo em vista que sofre resistência entre alguns membros.

A AGU tem desempenhado com excelência suas funções, assegurando a viabilidade jurídica de políticas públicas como o Enem e o Mais Médicos, além de concessões de infraestrutura e obras fundamentais para o país e o combate à corrupção em todas as instâncias do Poder Judiciário.

A aprovação de medidas de valorização da Advocacia-Geral da União (AGU) no Congresso Nacional é fundamental para que a instituição tenha condições de continuar cumprindo, com excelência, sua função constitucional de defender e

---

90. http://www.agu.gov.br/page/content/detail/id_conteudo/372377

assessorar juridicamente a União, suas autarquias e fundações públicas.

COMENTE SOBRE EXEMPLOS DE SUCESSO DENTRO DA CARREIRA:

Na carreira de Procurador Federal, há alguns exemplos de sucesso, com atuação destacada dentro e fora da Procuradoria-Geral Federal, tanto ocupantes de cargos internos na instituição, quanto aqueles que desempenham atividade de magistério em universidades e cursos preparatórios.

Primeiramente, cumpre mencionar os nomes dos dirigentes da Procuradoria-Geral Federal desde a sua criação. **JOSÉ WEBER HOLANDA ALVES** foi o primeiro Procurador-Geral Federal e ficou no cargo no período de 8 de julho de 2002 a 3 de setembro de 2003. Em seguida, **CÉLIA MARIA CAVALCANTI RIBEIRO**, no período de 4 de setembro de 2003 a 27 de março de 2007. Por conseguinte, **JOÃO ERNESTO ARAGONÊS VIANNA** foi Procurador-Geral Federal, de 28 de março de 2007 a 31 de agosto de 2008, e Advogado-Geral da União interino de 28 a 30 de janeiro de 2009. **MARCELO DE SIQUEIRA FREITAS**, dirigiu a PGF por maior tempo, de 1º de setembro de 2008 a 24 de fevereiro de 2015, quando então assumiu **RENATO RODRIGUES VIEIRA**, sucedido por **RONALDO GUIMARÃES GALLO**, em 24 de maio de 2016, e, por último, **CLESO JOSÉ DA FONSECA FILHO**, o atual titular do cargo, desde 30 de setembro de 2016.

Dentre os professores e doutrinadores de renome, cito, alguns deles, com livros recomendados para concurso público: **Marcelo Novelino**, em Direito Constitucional – esteve cedido ao STF, onde desempenhou a função de Assessor do Ministro Marco Aurélio Mello; **Leonardo Vizeu Figueiredo**, em Constitucional e, principalmente em Econômico; **Frederico Amado e William Fracalossi**, em Ambiental e Previdenciário; e **André Luiz Santa Cruz Ramos**, em Empresarial.

O QUE O MOTIVA A IR TRABALHAR TODOS OS DIAS?

A minha motivação profissional diária passa pelo orgulho de integrar uma instituição pública, inserida como uma das Funções Essenciais à Justiça, pela posição topográfica do art. 131 da Constituição Federal.

A Procuradoria-Geral Federal – PGF, órgão vinculado à Advocacia-Geral da União – AGU, é responsável pelas atividades de consultoria e assessoramento jurídico e representação judicial e extrajudicial, além da cobrança da dívida ativa de 159 Autarquias e Fundações Públicas federais em todo o território nacional. Trata-se do maior escritório de advocacia do mundo!

A atuação da PGF tem sido essencial para diversas políticas públicas relevantes para o País, como grandes obras de infraestrutura, a reforma agrária, a defesa do meio ambiente, da Previdência Social, de todos os empreendimentos ligados ao Programa de Aceleração do Crescimento – PAC, do Exame Nacional do Ensino Médio – ENEM, do Programa de Financiamento Estudantil do FIES, dos procedimentos relacionados às Olimpíadas, entre outros.

É gratificante saber que o meu trabalho em cada processo contribui com a arrecadação e a economia de dinheiro público, seja ao evitar uma concessão indevida de benefício previdenciário, seja ao ajuizar ação regressiva, ação civil pública ou execução fiscal, bem como viabiliza juridicamente políticas públicas, fazendo sentir a atuação do Estado na vida dos cidadãos brasileiros.

Essa atuação mostra a diversidade temática com que o Procurador Federal pode trabalhar, o que é um diferencial da carreira. Além da regulação setorial das Agências Reguladoras, há áreas inimagináveis com regramento especialíssimo como a minerária junto ao Departamento Nacional de Produção Mineral – DNPM, a espacial junto à Agência Espacial Brasileira –

AEB, a nuclear junto à Comissão Nacional de Energia Nuclear – CNEN, etc.

Sinto-me um privilegiado por poder desempenhar tal mister e ser bem remunerado por isso. O trabalho também me trouxe a independência financeira, o que é outro fator motivante.

Para completar, desde novembro de 2015, consegui remoção para o meu Estado de origem, o Rio de Janeiro. Fiquei lotado na Procuradoria Seccional Federal em Volta Redonda/RJ, com atuação no Núcleo de Cobrança e Contencioso Geral, especialmente em matéria ambiental. Em junho de 2016, aceitei o convite para assumir a chefia regional da Procuradoria Federal Especializada junto ao Instituto Chico Mendes de Conservação da Biodiversidade no Rio de Janeiro (PFE/ICMBio/RJ), onde atuo no consultivo interno em matéria administrativa (licitações, contratos, convênios, etc.) e finalística (ambiental), bem como fornecendo subsídios técnicos e jurídicos para a defesa da Autarquia em juízo pelos colegas do contencioso.

Reconheço que, no serviço público, principalmente no que toca ao Poder Executivo Federal, há inúmeros problemas estruturais e deficiências básicas a serem enfrentadas e superadas no dia a dia de trabalho. Na AGU, sobretudo na PGF, isso não é diferente.

Apensar dos pesares – que somente quem está dentro sabe –, olhando para a realidade do País, seria deselegante da minha parte tecer qualquer linha com críticas.

Digo, de forma sincera: sou realizado profissionalmente como Advogado Público Federal, função que sempre sonhei desempenhar. Faço o que gosto, ganho bem e trabalho perto da minha família.

8

DEPOIMENTOS DE COLEGAS DE CARREIRA

Nesse espaço, venho trazer o depoimento de alguns colegas também aprovados no último concurso (2013) para o cargo de Procurador Federal com suas histórias de superação.

DRA. DANIELA GONÇALVES DE CARVALHO

"Olá! Espero que a minha singela história possa motivar estudantes e operadores do Direito a optar pela nossa carreira, caso decidam pelo concurso público.

Gostaria de começar lá pelo meio da minha graduação quando, ainda novinha, decidi que minha vida profissional seguiria o caminho dos concursos públicos. Não foi uma escolha fácil, pois o meu pai é um advogado renomado na minha cidade natal e possui um escritório em matéria cível bem tradicional. Pareceria óbvio para qualquer pessoa o caminho mais fácil: as portas de um já bem-sucedido escritório abertas, sem pressa.

Contudo, a minha paixão pelo Direito Público se manifestou bem cedo. Já na primeira aula de Direito Administrativo na universidade eu fiquei absolutamente encantada: a coisa pública sempre me fascinou. Entender o funcionamento do Estado, seus contornos jurídicos e todas as nuances que formam o Estado de Direito. A forma impessoal de ingresso, de contratação de compras e serviços, a prestação dos serviços públicos... De alguma forma, eu sabia que aquilo era pra mim.

Com as lições de Direito Constitucional, o amor só aumentou. Quando descobri as Finanças Públicas e a Arrecadação, através do Direito Financeiro e Tributário: pronto! Estava sacramentado! Onde houvesse Direito Público, ali eu estaria plena. E, onde seria?

Comecei a pesquisar sobre as carreiras e, com pouco tempo de formada, já com a OAB em mãos, eu decidi: quero ser Procuradora. Defender o erário é a minha praia. Uma vez que eu havia decidido, ainda faltava o enorme caminho dos estudos pela frente.

Pela minha experiência pessoal, acredito que deve haver um equilíbrio no estudo das matérias. Penal e processo penal foram as que eu menos me dediquei, por serem de menor peso nos conteúdos programáticos das carreiras fazendárias em geral. Dediquei um tempo enorme ao processo civil, pois, era onde eu tinha dificuldades. Venci o processo civil pelo cansaço e, no fim, ele acabou me conquistando. Acredito que devemos dedicar mais esforços às matérias com as quais temos menor intimidade.

Quanto ao Direito Público, estuda-lo nunca foi esforço. Ao contrário: era um enorme prazer. Fazer questões, simulados e participar de Grupos de Estudos on-line são facilitadores que a contemporaneidade permite e que devemos aproveitar. Manter-se atualizado sempre, sempre, sempre. Principalmente no tocante aos julgados das Cortes Superiores e da Corte Suprema.

As derrotas e reprovações foram inúmeras! Tantas que nem sei mensurar. Eu me inscrevia e fazia muitas provas, até como treinamento, como simulado de luxo. Minha finalidade era me sentir cada vez mais à vontade e menos pressionada no ambiente de prova.

Após quatro aprovações, todas em carreiras de advocacia pública, e um pouco mais de três anos do início da minha vida de concurseira, chegara a minha vez de colher os frutos, ver o sonho realizado: dentre aproximadamente 16.000 inscritos em todo o Brasil, estava lá eu: a 10ª colocada no concurso de Procurador Federal.

Absolutamente realizada, com o apoio dos meus familiares e dos meus amigos atingi a carreira que escolhi, à qual me dediquei e à qual dedico meus dias, tentando construir um País melhor, nesse lindo mister que é a advocacia pública. Revestir a Administração de legalidade é o nosso objetivo, economizar dinheiro público e moralizar as instituições. Com as dificuldades naturais que todo operador do Direito encontra, eu digo, em depoimento: não me arrependo da minha escolha pelo Erário, sou realizada aqui."

DR. TIAGO ALLAN CECILIO

"Atendendo ao convite de meu amigo e colega de profissão e de concurso, Dr. Frederico Rios Paula, cuja atuação enobrece diariamente a instituição a que pertencemos, falarei um pouco de minha modesta experiência nos concursos.

Espero, humildemente, que meu pequeno relato, de algum modo, possa-lhes motivar a seguir adiante, a despeito dos percalços inerentes ao caminho, muitos dos quais oriundos de nós mesmos, de nossa eventual impaciência, autocobrança ou falta de crença no próprio potencial. Cito esses obstáculos, pois convivi com eles de perto, lutando para superá-los diariamente. A famosa frase "matar um leão por dia" não é um exagero para traduzir o dia a dia do concurseiro.

Graduei-me pela Universidade Federal do Rio de Janeiro no segundo semestre de 2010, tendo, durante o período dos estudos universitários, estagiado em alguns órgãos públicos: sete meses em uma das Varas do Tribunal de Justiça do Estado do Rio de Janeiro, seis meses na Defensoria Pública da União no Estado do Rio de Janeiro e um ano e sete meses na Procuradoria Regional da República da Segunda Região – Ministério Público Federal.

Foi nesse último estágio, por mais peculiar que possa parecer, que comecei a me interessar pela advocacia pública, pois a procuradora a quem eu prestava auxílio possuía um posicionamento favorável à Fazenda Pública em sua atuação como *custos legis* no julgamento dos recursos envolvendo matéria cível dirigidos ao Tribunal Regional Federal da Segunda Região.

O fato é que a decisão pelo ingresso no serviço público veio no início da faculdade, tendo me submetido às mais diversas provas de técnico e analista processual, sem, contudo, obter uma aprovação que me possibilitasse ser nomeado. Foram muitas as reprovações, sem dúvida.

Com a colação de grau em 31/01/2011, dei início aos estudos para as carreiras da Advocacia-Geral da União, contando com a ajuda mútua de uma grande amiga, atualmente Advogada da União, a bibliografia construída a partir das discussões no fórum de concursos do CorreioWeb e as rodadas semanais da Escola Brasileira de Ensino Jurídico na Internet – EBEJI. Isso sem falar na leitura de informativos de jurisprudência, notícias diárias do STF e do STJ, extremamente importantes, e da lei seca, indispensável. Aliás, o estudo da legislação é o primeiro que deve ser feito, sendo um mito a ser desconstruído o de que bancas como o CESPE não a exigem em suas provas.

Por muito pouco, não fui para as segundas fases dos concursos de ingresso na Advocacia da União e na Procuradoria-Geral da Fazenda Nacional ocorridos em 2012. Na verdade, o resultado provisório daquela indicava que eu prosseguiria, o que, infelizmente, não se concretizou com o resultado definitivo. Foi uma das quedas mais difíceis de contornar, pois acreditava muito naquilo.

Essa batalha perdida motivou-me a fazer o concurso para analista do Tribunal Regional Eleitoral do Rio de Janeiro, em que eram ofertadas 03 (três) vagas. Fui o quinto colocado e, nesse ínterim, obtive aprovação no Programa de Residência Jurídica da Procuradoria do Estado do Rio de Janeiro – espécie de estágio remunerado para quem já é bacharel em Direito –, ingressando no início de 2013.

A ansiedade para ser chamado no TRE foi muito grande, como se pode imaginar, e só aumentava com a demora em se efetivar – na verdade, temia que não fosse ocorrer, pois conhecia a sensação de "ganhar, mas não levar". Foi preciso a quarta colocada desistir, quase 05 (cinco) meses depois, por conta da aprovação em outro concurso, para que eu fosse convocado.

Em meio a todos esses acontecimentos, já circulava o boato de um novo concurso de ingresso na Procuradoria-Geral Federal, o que me deixava apreensivo, com a sensação de que aquele era o momento.

Nomeado em junho e empossado em julho de 2013, iniciei meu exercício no TRE a quase 400 km de casa, em uma cidade muito pequena do interior do Rio, fronteiriça com o estado do Espírito Santo. Sem perspectivas de remoção tão cedo e com a sensação de que, possivelmente, estaria colocando a perder todo o caminho que percorrera rumo à AGU, acabei tomando uma das decisões mais difíceis de minha vida, que foi a de pedir exoneração do cargo e retornar para casa, com foco integral nos estudos para a PGF. Um dos motivadores, certamente, foi o fato de a dispensa de licitação para a contratação do CESPE ter ocorrido exatamente na semana que passei na pequena cidade do interior – sim, fiquei apenas uma semana, o que me rendeu toda sorte de críticas vindas de meus parentes. Meus pais, todavia, apoiaram-me incondicionalmente.

Com o retorno, aproveitei o período de interrupção de contrato na Residência Jurídica que me restava para dedicar-me integralmente à PGF – graças a Deus, não pedira desligamento do Programa para assumir no TRE. A essa altura, o edital já havia sido divulgado.

Após várias fases, todas com suas peculiaridades e incertezas, fui nomeado para o cargo de Procurador Federal de Segunda Categoria em 20/06/2014, tomando posse em 07/07/2014. Deus, a família e os amigos foram peça-chave nessa conquista.

Hoje, olhando para trás, não me permito esquecer, um dia sequer, tudo o que foi vivenciado, e uma máxima que sempre ouvi foi se demonstrando ser mais do que verdadeira: a aprovação deve ser uma certeza para quem está nessa vida de concurseiro, a velha metáfora da fila. Quando nossa vontade está em sintonia com os nossos esforços, as coisas irão acontecer. Não é possível precisar quando, mas será na hora certa, eu lhes garanto. Nem antes, nem depois. Acreditem, persistam, levantem ao cair. A vista do cume da montanha faz toda a escalada valer a pena e jamais será igual ao que é retratado em fotografias. É preciso você mesmo vivenciá-la. Desejo-lhes essa experiência!"

DRA. ANDREA TERLIZZI SILVEIRA

Hoje sou Procuradora Federal. E tenho orgulho disso, não apenas pela carreira que escolhi, mas pela superação que todos nós que escolhemos, por um período de nossas vidas, termos a "profissão" de concurseiros.

Minha escolha pelo concurso foi tardia, depois de 7 anos de formada e negar um conselho que meu pai me dava: "Andrea, presta concurso público.... Vá ser juíza, promotora...". Em parte, segui o seu conselho. Isso porque NUNCA pensei em ser juíza ou promotora, mas quando escolhi a "profissão concurseira", foi para me tornar advogada pública.

Essa escolha se deu depois de perceber o meu perfil como profissional e o que queria como estilo e qualidade de vida.

Durante a faculdade de direito sempre pensei que seria advogada, mas nem me passava pela cabeça que existia a "advocacia pública". Isso mesmo, confesso. Nem sabia que era possível ser advogada pública. Também, com 17 para 18 anos, para mim quem cursava Direito era para ser advogado (privado), juiz, promotor (Ministério Público) ou delegado. Durante a faculdade descobri que tinha também o Procurador do Estado, mas naquele momento, nem me interessava saber o que esse "sujeito" fazia.

E assim direcionei a minha vida acadêmica e profissional. Estagiei em um único escritório e lá fiquei depois de formada, até tomar a decisão de prestar concurso.

Essa decisão, como disse, foi depois de ver o que queria para a minha vida pessoal e analisar o tipo de profissional que eu era.

Via o dono do escritório e sua esposa, que era a minha chefe, ganhando dinheiro, mas sem tempo para gastá-lo e passar mais tempo com a família. E isso pra mim sempre pareceu contraditório, pois de que adianta ganhar dinheiro e não poder utilizá-lo com as coisas que nos dão prazer?!

E no escritório que eu trabalhava, e em outros que amigos trabalhavam, ganhava dinheiro quem "trazia cliente". E eu nunca tive o perfil necessário para isso. Eu era no escritório uma boa executora e como tal, percebia que minha ascensão iria estagnar em um momento, inclusive, no que se refere à remuneração. Sejamos francos, dinheiro importa sim em nossas escolhas (exceto se você já nasceu em berço esplêndido, o que não é o meu caso).

Junto com tudo isso, via a vida que amigos meus tinham: aqueles que optaram pela advocacia privada, sem tempo, ganhando dinheiro, e suas vidas eram apenas o trabalho. Aqueles que optaram pelo concurso, passaram alguns anos sem dinheiro e com uma vida chata, só estudando, mas depois que passaram ganhavam tanto quanto os advogados privados, mas com tempo para fazer coisas que lhes davam prazer. Eu nunca trabalhei em um escritório que havia "hora para entrar, mas não tinha hora para sair". Mas estava incomodada com minha perspectiva de futuro.

Então, conversando bastante com três grandes amigas, uma Procuradora Federal, outra Procuradora da Fazenda Nacional e outra advogada privada, e pensando sobre o futuro decidi: vou pedir demissão e prestar concurso para Procuradora Federal, mas se passar para qualquer carreira da Advocacia Pública, estarei feliz.

E assim planejei meus anos de estudo. Primeiro continuei a trabalhar até formar um caixa para me sustentar por um período sem trabalhar e pagando minhas contas, pois como morava com meus pais, não tinha preocupação com gastos com moradia. Trabalhei por dois anos até que chegou o dia da demissão.

Estava ciente que passaria por momentos difíceis, pois tinha uma vida confortável financeiramente, e sabia que passaria a viver com "dinheiro contato" sem ter grandes gastos com lazer.

Nesse período de estudo foi muito importante o apoio do meu namorado, que conheci naquele escritório que trabalhei e está até hoje comigo, e de meus pais. Mas o mais importante é a nossa força de vontade! De lutarmos pelos nossos objetivos, sejam eles quais forem! Claro que escutei dos meus pais: "você não acha que deve repensar essa sua escolha? Você já está estudando há tanto tempo...". Mas não desisti! E repetia pra mim mesma: "só não passa quem desiste. E eu não vou desistir!"

Estudei durante cinco anos. Os primeiros anos bem menos do que deveria, pois não é fácil, depois de sete anos virar estudante, e pegar o ritmo de estudar. Optei por não estudar aos finais de semana, pois eu tinha de segunda a sexta-feira o dia inteiro para estudar. Mas quando publicou o edital do "meu concurso", não tinha final de semana. Era estudo de segunda a segunda! E o namorado escutava: "Jeferson você, agora, não é minha prioridade." E ele, sempre ao meu lado, entendia e falava: "você está certa! Não tem problema!".

Os meus sete anos na advocacia privada, se por um lado "atrasou" minha trajetória, e me dificultou na primeira fase (pois é verdade sim que estudo é treino!), me fez uma candidata mais forte nas provas escritas e na fase da prova oral, pois aprendi a "colocar as minhas ideias" de maneira clara, objetiva e rápida (sempre fiz prova escrita muito rápido!), e a enfrentar uma banca com mais naturalidade, pois tinha a experiência de reuniões com clientes, negociações com advogados e audiências. Sabia como me colocar, como dar a entonação correta da voz e captar a atenção dos examinadores da banca, de forma natural, e não como alguns colegas que, por nunca terem trabalhado como advogados, tinham dificuldade nestas fases.

E assim, estudando, estudando, estudando, passaram-se os anos, até que no dia 07/07/2014 tomei posse "no meu concurso"! Na carreira que escolhi, desde o início quando tomei minha decisão: PROCURADORIA FEDERAL.

Não me arrependo um dia sequer da minha escolha. Não me arrependo de não ter tido férias, de não ter ido a casamentos de amigos e amigas, a festas de aniversário e outros "eventos sociais" para conquistar o meu objetivo. Esses anos me mostraram como sou forte e como lutei pelo meu objetivo. Eu me surpreendi com a minha força, mas quando a gente quer, a gente tira força não se sabe de onde para avançar.

Hoje sou plenamente feliz com a minha decisão e com minha carreira.

Aos que se interessaram em ler essa versão resumida da minha história, espero ter mostrado que vocês podem e são capazes de conseguir o que quiserem quando focados em suas escolhas. Não desistam! Boa sorte!

MENSAGEM FINAL:
Um breve texto para quem está pensando em estudar para concurso, especificamente para a carreira de Procurador Federal

Prezado(a) leitor(a) e possível futuro(a) Procurador(a) Federal,

Este livro trouxe o relato mais fidedigno possível da minha recente jornada de concurseiro, quando eu estava aí no seu lugar, até a aprovação final no concurso para o cargo de Procurador Federal.

Compartilhando essa experiência vencedora, bem como as perspectivas da Procuradoria-Geral Federal, com informações voltadas à prática profissional, venho incentivá-lo(a) para que, futuramente, possamos ser colegas de carreira.

Costumo dizer que para passar em concurso público não é necessário ser excepcional, ter se destacado ao longo dos anos acadêmicos, ou mesmo nos trabalhos anteriores ao cargo desejado. O êxito não vem da inspiração, mas de pura transpiração, e comigo foi na base de muita fé, força de vontade e perseverança.

Uma rotina de estudo, com foco na chamada "letra da lei" e na jurisprudência, com relação aos temas pertinentes à carreira, bem como a resolução de muitas questões são estratégias fundamentais. O prosseguimento dos estudos deve ser rigorosamente observado até que se obtenha o resultado almejado. Jamais se deve instituir um prazo para a aprovação, pois isso aumenta a ansiedade.

Não se imponha a obrigação de resultado! Tenha em mente que a aprovação é uma obrigação de meio: comprometer-se a estudar da melhor maneira possível e se esforçar ao máximo para dar tudo de si. Se isso vai ser suficiente, é uma consequência que não depende somente de você.

Uma coisa é certa: a concorrência é sempre grande[1]. E como se trata de um concurso difícil e com várias fases, a maior dificuldade é manter o foco, a disciplina pessoal e ser perseverante.

Outra característica importante, nessa fase de estudos, é ter inteligência emocional, ser capaz de controlar os próprios sentimentos. Avalie o que te faz bem e o que te faz mal. Afaste-se de pessoas ou coisas que possam te desestabilizar emocionalmente.

Acredito que Deus tem um propósito na vida de cada um de nós e, lá na frente, quando este se concretiza, entendemos que eventuais portas fechadas nos encaminharam para uma benção na medida certa.

Acredite, confie e não desista! Siga firme em seu propósito!

Um abraço.

Frederico Rios Paula.

---

1. No concurso para o cargo de Procurador Federal (2013), foram 14.193 (catorze mil, cento e noventa e três) inscritos para 78 vagas previstas no Edital, sendo a demanda de 181,96 candidatos por vaga.

ANEXO 1

Lista das principais unidades de representação judicial e extrajudicial da Procuradoria-Geral Federal[12]:

1. PROCURADORIA REGIONAL FEDERAL DA 1ª REGIÃO (SEDE: BRASÍLIA):

1.1. Procuradoria Federal no Estado do Acre.

1.2. Procuradoria Federal no Estado do Amapá.

1.3. Procuradoria Federal no Estado do Amazonas.

1.4. Procuradoria Federal no Estado da Bahia:

    1.4.1. Procuradoria Seccional Federal em Barreiras/BA.

    1.4.2. Procuradoria Seccional Federal em Feira de Santana/BA.

    1.4.3. Procuradoria Seccional Federal em Ilhéus/BA.

    1.4.4. Procuradoria Seccional Federal em Vitória da Conquista/BA.

1.5. Procuradoria Federal no Estado de Goiás.

1.6. Procuradoria Federal no Estado do Maranhão.

---

1. A Procuradoria-Geral Federal conta com 128 (cento e vinte e oito) unidades de representação judicial e extrajudicial, distribuídas da seguinte forma: 5 (cinco) Procuradorias Regionais Federais; 22 (vinte e duas) Procuradorias Federais nos Estados; 67 (sessenta e sete) Procuradorias Seccionais Federais; e 34 (trinta e quatro) Escritórios Avançados Previdenciários.

2. Não estão incluídos os 34 (trinta e quatro) Escritórios Avançados Previdenciários.

1.6.1. Procuradoria Seccional Federal em Imperatriz/MA

1.7. Procuradoria Federal no Estado de Minas Gerais:

1.7.1. Procuradoria Seccional Federal em Divinópolis/MG.

1.7.2. Procuradoria Seccional Federal em Governador Valadares/MG.

1.7.3. Procuradoria Seccional Federal em Juiz de Fora/MG.

1.7.4. Procuradoria Seccional Federal em Montes Claros/MG.

1.7.5. Procuradoria Seccional Federal em Poços de Caldas/MG.

1.7.6. Procuradoria Seccional Federal em Uberaba/MG.

1.7.7. Procuradoria Seccional Federal em Uberlândia/MG.

1.7.8. Procuradoria Seccional Federal em Varginha/MG.

1.8. Procuradoria Federal no Estado do Mato Grosso.

1.9. Procuradoria Federal no Estado do Pará:

1.9.1. Procuradoria Seccional Federal em Marabá/PA.

1.9.2. Procuradoria Seccional Federal em Santarém/PA.

1.10. Procuradoria Federal no Estado do Piauí.

1.11. Procuradoria Federal no Estado do Rondônia.

1.11.1. Procuradoria Seccional Federal de Ji-Paraná.

1.12. Procuradoria Federal no Estado do Roraima.

1.13. Procuradoria Federal no Estado do Tocantins.

2. PROCURADORIA REGIONAL FEDERAL DA 2ª REGIÃO (SEDE: RIO DE JANEIRO):

2.1. Procuradoria Seccional Federal em Campos dos Goytacazes/RJ.

2.2. Procuradoria Seccional Federal em Duque de Caxias/RJ.

2.3. Procuradoria Seccional Federal em Niterói/RJ.

2.4. Procuradoria Seccional Federal em Petrópolis/RJ.

2.5. Procuradoria Seccional Federal em Volta Redonda/RJ.

2.6. Procuradoria Federal no Estado do Espírito Santo.

3. PROCURADORIA REGIONAL FEDERAL DA 3ª REGIÃO (SEDE: SÃO PAULO):

2.1. Procuradoria Seccional Federal em Araçatuba/SP.

2.2. Procuradoria Seccional Federal em Araraquara/SP.

2.3. Procuradoria Seccional Federal em Bauru/SP.

2.4. Procuradoria Seccional Federal em Campinas/SP.

2.5. Procuradoria Seccional Federal em Guarulhos/SP.

2.6. Procuradoria Seccional Federal em Jundiaí/SP.

2.7. Procuradoria Seccional Federal em Marília/SP.

2.8. Procuradoria Seccional Federal em Osasco/SP.

2.9. Procuradoria Seccional Federal em Piracicaba/SP.

2.10. Procuradoria Seccional Federal em Presidente Prudente/SP.

2.11. Procuradoria Seccional Federal em Ribeirão Preto/SP.

2.12. Procuradoria Seccional Federal em Santos/SP.

2.13. Procuradoria Seccional Federal em São Bernardo do Campo/SP.

2.14. Procuradoria Seccional Federal em São João da Boa Vista/SP.

2.15. Procuradoria Seccional Federal em São José dos Campos/SP.

2.16. Procuradoria Seccional Federal em São José do Rio Preto/SP.

2.17. Procuradoria Seccional Federal em Sorocaba/SP.

2.18. Procuradoria Seccional Federal em Taubaté/SP.

2.6. Procuradoria Federal no Estado do Mato Grosso do Sul:

2.6.1. Procuradoria Seccional Federal de Dourados/MS.

4. PROCURADORIA REGIONAL FEDERAL DA 4ª REGIÃO (SEDE: PORTO ALEGRE):

4.1. Procuradoria Seccional Federal em Canoas/RS.

4.2. Procuradoria Seccional Federal em Caxias do Sul/RS.

4.3. Procuradoria Seccional Federal em Novo Hamburgo/RS.

4.4. Procuradoria Seccional Federal em Passo Fundo/RS.

4.5. Procuradoria Seccional Federal em Pelotas/RS.

4.6. Procuradoria Seccional Federal em Rio Grande/RS.

4.7. Procuradoria Seccional Federal em Santa Cruz do Sul/RS.

4.8. Procuradoria Seccional Federal em Santa Maria/RS.

4.9. Procuradoria Seccional Federal em Santo Ângelo/RS.

4.10. Procuradoria Seccional Federal em Uruguaiana/RS.

4.11. Procuradoria Federal no Estado do Paraná:

4.11.1. Procuradoria Seccional Federal em Cascavel/PR.

4.11.1. Procuradoria Seccional Federal em Londrina/PR.

4.11.1. Procuradoria Seccional Federal em Maringá/PR.

4.11.1. Procuradoria Seccional Federal em Ponta Grosa/PR.

4.12. Procuradoria Federal no Estado de Santa Catarina:

4.12.1. Procuradoria Seccional Federal em Blumenau/ SC.

4.12.2. Procuradoria Seccional Federal em Chapecó/ SC.

4.12.3. Procuradoria Seccional Federal em Joinville/ SC.

5. PROCURADORIA REGIONAL FEDERAL DA 5ª REGIÃO (SEDE: RECIFE):

5.1. Procuradoria Seccional Federal em Caruaru/PE.

5.2. Procuradoria Seccional Federal em Petrolina/PE.

5.2. Procuradoria Seccional Federal em Serra Talhada/PE.

5.3. Procuradoria Federal no Estado de Alagoas:

5.3.1. Procuradoria Federal Seccional em Arapiraca/ AL.

5.4. Procuradoria Federal no Estado de Ceará:

5.4.1 Procuradoria Seccional Federal em Juazeiro do Norte/CE.

5.4.2. Procuradoria Seccional Federal em Sobral/CE.

5.5. Procuradoria Federal no Estado de Paraíba:

5.5.1. Procuradoria Seccional em Campina Grande/ PB.

5.5.2. Procuradoria Seccional Federal em Souza/PB.

5.6. Procuradoria Federal no Estado do Rio Grande do Norte:

5.6.1. Procuradoria Seccional Federal em Mossoró/ RN.

5.7. Procuradoria Federal no Estado de Sergipe.

6. PROCURADORIAS FEDERAIS ESPECIALIZADAS JUNTO ÀS AUTARQUIAS E FUNDAÇÕES PÚBLICAS FEDERAIS.

ANEXO 2

Lista, por Órgão de vinculação, de Autarquias e Fundações Públicas Federais representadas pela Procuradoria-Geral Federal[1]:

I – CASA CIVIL DA PRESIDÊNCIA DA REPÚBLICA:

1. Instituto Nacional de Tecnologia da Informação – ITI

II – SECRETARIA DE GOVERNO DA PRESIDÊNCIA DA REPÚBLICA:

2. Instituto de Pesquisa Econômica Aplicada – IPEA

III – MINISTÉRIO DA CIÊNCIA, TECNOLOGIA, INOVAÇÕES E COMUNICAÇÕES:

3. Agência Espacial Brasileira – AEB

4. Agência Nacional de Telecomunicações – ANATEL

5. Comissão Nacional de Energia Nuclear – CNEN

6. Conselho Nacional de Desenvolvimento Científico e Tecnológico – CNPq

---

1. De acordo com a Medida Provisória n.° 726, de 12 de maio de 2016, que alterou e revogou dispositivos da Lei n.° 10.683/2003, que dispõe sobre a organização da Presidência da República e dos Ministérios; e a Medida Provisória n.° 728, de 23 de maio de 2016, que recriou o Ministério da Cultura, desmembrado do Ministério da Educação e Cultura.

IV – MINISTÉRIO DA CULTURA:

7. Agência Nacional do Cinema – ANCINE

8. Fundação Biblioteca Nacional

9. Fundação Casa de Rui Barbosa

10. Fundação Cultural Palmares

11. Fundação Nacional de Artes – FUNARTE

12. Instituto do Patrimônio Histórico e Artístico Nacional – IPHAN

13. Instituto Brasileiro de Museus – IBRAM

V – MINISTÉRIO DA DEFESA:

a) vinculada ao Ministério por meio do Comando da Aeronáutica:

14. Caixa de Financiamento Imobiliário da Aeronáutica

b) vinculadas ao Ministério por meio do Comando da Marinha:

15. Caixa de Construção de Casas para o Pessoal do Ministério da Marinha

c) vinculadas ao Ministério por meio do Comando do Exército:

16. Fundação Osório

VI – MINISTÉRIO DO DESENVOLVIMENTO SOCIAL E AGRÁRIO:

17. Instituto Nacional de Colonização e Reforma Agrária – INCRA

VII – MINISTÉRIO DO DESENVOLVIMENTO. INDÚSTRIA E COMÉRCIO EXTERIOR:

18. Instituto Nacional de Metrologia, Qualidade e Tecnologia – INMETRO

19. Instituto Nacional da Propriedade Industrial – INPI

20. Superintendência da Zona Franca de Manaus – SUFRAMA

VIII – MINISTÉRIO DA EDUCAÇÃO:

a) Institutos Federais de Educação, Ciência e Tecnologia – Institutos Federais

21. Instituto Federal do Acre

22. Instituto Federal de Alagoas

23. Instituto Federal do Amapá

24. Instituto Federal do Amazonas

25. Instituto Federal da Bahia

26. Instituto Federal Baiano

27. Instituto Federal de Brasília

28. Instituto Federal do Ceará

29. Instituto Federal do Espírito Santo

30. Instituto Federal de Goiás

31. Instituto Federal Goiano

32. Instituto Federal do Maranhão

33. Instituto Federal de Minas Gerais

34. Instituto Federal do Norte de Minas Gerais

35. Instituto Federal do Sudeste de Minas Gerais

36. Instituto Federal do Sul de Minas Gerais

37. Instituto Federal do Triângulo Mineiro

38. Instituto Federal de Mato Grosso

39. Instituto Federal de Mato Grosso do Sul

40. Instituto Federal do Pará

41. Instituto Federal da Paraíba

42. Instituto Federal de Pernambuco

43. Instituto Federal do Sertão Pernambucano

44. Instituto Federal do Piauí

45. Instituto Federal do Paraná

46. Instituto Federal do Rio de Janeiro

47. Instituto Federal Fluminense

48. Instituto Federal do Rio Grande do Norte

49. Instituto Federal do Rio Grande do Sul

50. Instituto Federal Farroupilha

51. Instituto Federal Sul-rio-grandense

52. Instituto Federal de Rondônia

53. Instituto Federal de Roraima

54. Instituto Federal de Santa Catarina

55. Instituto Federal Catarinense

56. Instituto Federal de São Paulo

57. Instituto Federal de Sergipe

58. Instituto Federal do Tocantins

b) Centros Federais de Educação Tecnológica:

59. Centro Federal de Educação Tecnológica Celso Suckow da Fonseca – CEFET- RJ

60. Centro Federal de Educação Tecnológica de Minas Gerais – CEFET – MG

c) 61. Colégio Pedro II

d) 62. Fundação Coordenação de Aperfeiçoamento de Pessoal de Nível Superior – CAPES

e) 63. Fundação Joaquim Nabuco

t) Fundações Universidades:

64. do Amazonas

65. de Brasília

g) Fundações Universidades Federais:

66. do ABC/SP

67. do Acre

68. do Amapá

69. de Ciências da Saúde de Porto Alegre

70. da Grande Dourados

71. do Maranhão

72. de Mato Grosso

73. de Mato Grosso do Sul

74. de Ouro Preto

75. do Pampa

76. de Pelotas

77. do Piauí

78. do Rio Grande

79. de Rondônia

80. de Roraima

81. de São Carlos

82. de São João deI Rei

83. de Sergipe

84. do Tocantins

85. do Vale do São Francisco

86. de Viçosa

h) 87. Fundo Nacional de Desenvolvimento da Educação – FNDE

i) 88. Instituto Nacional de Estudos e Pesquisas Educacionais Anísio Teixeira

j) Universidades Federais:

89. de Alagoas

90. de Alfenas

91. da Bahia

92. de Campina Grande

93. do Cariri

94. do Ceará

95. do Espírito Santo

96. do Estado do Rio de Janeiro

97. Fluminense

98. da Fronteira do Sul

99. de Goiás

100. da Integração Latino-Americana

101. de Itajubá

102. de Juiz de Fora

103. de Lavras

104. de Minas Gerais

105. do Oeste da Bahia

106. do Oeste do Pará

107. de Pernambuco

108. de Santa Catarina

109. de Santa Maria

110. de São Paulo

111. do Pará

112. da Paraíba

113. do Paraná

114. do Recôncavo da Bahia

115. do Rio Grande do Norte

116. do Rio Grande do Sul

117. do Rio de Janeiro

118. Rural da Amazônia

119. Rural de Pernambuco

120. Rural do Rio de Janeiro

121. Rural do Semi-Árido

122. do Sul da Bahia

123. do Sul e Sudeste do Pará

124. do Triângulo Mineiro

125. de Uberlândia

126. dos Vales do Jequitinhonha e Mucuri

127. Tecnológica Federal do Paraná

k) 128. Universidade da Integração Internacional da Lusofonia Afro-Brasileira – UNILAB

IX – MINISTÉRIO DO ESPORTE:

129. Autoridade Pública Olímpica – APO

X – MINISTÉRIO DA FAZENDA2:

130. Comissão de Valores Mobiliários – CVM

131. Instituto Nacional do Seguro Social- INSS

132. Superintendência Nacional de Previdência Complementar – PREVIC

133. Superintendência de Seguros Privados – SUSEP

XI – MINISTÉRIO DA INTEGRAÇÃO NACIONAL:

134. Superintendência do Desenvolvimento da Amazônia – SUDAM

135. Superintendência do Desenvolvimento do Nordeste – SUDENE

136. Departamento Nacional de Obras Contra as Secas – DNOCS

137. Superintendência do Desenvolvimento do Centro-Oeste – SUDECO

XII – MINISTÉRIO DA JUSTIÇA E CIDADANIA:

138. Conselho Administrativo de Defesa Econômica – CADE

139. Fundação Nacional do Índio – FUNAI

XIII – MINISTÉRIO DO MEIO AMBIENTE:

140. Agência Nacional de Águas – ANA

141. Instituto Brasileiro do Meio Ambiente e dos Recursos Naturais Renováveis – IBAMA

142. Instituto Chico Mendes de Conservação da Biodiversidade – ICMBio

---

2. A Previdência Social foi incorporada ao Ministério da Fazenda.

143. Instituto de Pesquisas Jardim Botânico do Rio de Janeiro – JBRJ

XIV – MINISTÉRIO DE MINAS E ENERGIA:

144. Agência Nacional de Energia Elétrica – ANEEL

145. Agência Nacional do Petróleo, Gás Natural e Biocombustíveis – ANP

146. Departamento Nacional de Produção Mineral – DNPM

XV – MINISTÉRIO DO PLANEJAMENTO, DESENVOLVIMENTO E GESTÃO:

147. Fundação Escola Nacional de Administração Pública – ENAP

148. Fundação Instituto Brasileiro de Geografia e Estatística – IBGE

XVI – MINISTÉRIO DAS RELAÇÕES EXTERIORES:

149. Fundação Alexandre de Gusmão

XII – MINISTÉRIO DA SAÚDE:

150. Agência Nacional de Saúde Suplementar – ANS

151. Agência Nacional de Vigilância Sanitária – ANVISA

152. Fundação Nacional de Saúde – FUNASA

153. Fundação Oswaldo Cruz – FIOCRUZ

XIII – MINISTÉRIO DO TRABALHO:

154. Fundação Jorge Duprat Figueiredo de Segurança e Medicina do Trabalho – FUNDACENTRO

XIX – MINISTÉRIO DOS TRANSPORTES, PORTOS E AVIAÇÃO CIVIL:

155. Agência Nacional de Aviação Civil – ANAC

156. Agência Nacional de Transportes Aquaviários – ANTAQ

157. Agência Nacional de Transportes Terrestres – ANTT

158. Departamento Nacional de Infraestrutura de Transportes – DNIT

XX – MINISTÉRIO DO TURISMO:

159. Instituto Brasileiro de Turismo – EMBRATUR

Anotações

www.editorajuspodivm.com.br